Kodo Sawaki

Zen ist die größte Lüge aller Zeiten

Angkor Verlag

Bibliografische Information der Deutschen Bibliothek:
Die Deutsche Bibliothek verzeichnet diese Publikation in der Deutschen Nationalbibliografie; detaillierte bibliografische Daten sind im Internet über http://dnb.ddb.de abrufbar.

Zen ist die größte Lüge aller Zeiten./Sawaki, Kodo. Aus dem Japanischen von Muho. – Frankfurt: Angkor Verlag, 2017.

Überarbeitete Neuauflage.

Die Originalausgabe *Ikiru chikara toshite no zen* erschien 2003 im Verlag Daihorinkaku.

Foto: Daihorinkaku/Antaiji

Website: www.angkor-verlag.de
Printed in Germany

ISBN: 978-3-943839-56-2

Inhalt

Was ist Zen?

Ich weiß es nicht.

Und je länger ich mich mit den Sprüchen Sawaki Kodo Roshis beschäftige, desto stärker wird mein Eindruck, dass selbst Sawaki es uns nicht verraten will und kann. Was Sawaki allerdings von anderen Roshis unterscheidet ist, dass er keinen Hehl daraus macht. Er will uns nichts vormachen – wie es so viele vor ihm versucht haben. Er erzählt uns keine Geschichten von einer spirituellen Welt, die auf einer so hohen Ebene liegt, dass sie nur ihm allein zugänglich wäre. Ihm geht es auch nicht um buddhistische Theorie, Legenden von erleuchteten Meistern oder seine eigenen Satori-Erfahrungen. Alles, was er tut, ist uns aufzufordern, auf uns selbst aufmerksam zu werden: „He, was glotzt du in die Gegend? Merkst du nicht, dass es hier um dich selbst geht!?"

Oft wird gesagt, dass jeder einzelne Spruch Sawakis genau ins Schwarze trifft. Alles, was er sagt, trifft auf uns selbst zu. Ich selbst habe das lange geglaubt, aber jetzt, nach fünfzehn Jahren Beschäftigung mit diesen Sprüchen, beginne ich meine Zweifel zu haben: Treffen diese Sprüche wirklich ins Schwarze? Was bedeutet es überhaupt, ins Schwarze zu treffen?

Meine erste Begegnung mit den Sprüchen von Sawaki Kodo Roshi, die hier in Japan in den Originalbänden *An dich* und *An dich 2* vorliegen, fand Ende der 80er Jahre in Deutschland statt. Damals wurden die ersten Kapitel in den „Zen Informationen" der *Zen-Vereinigung Deutschland* veröffentlicht – eine Übersetzung, die leider nie vervollständigt wurde. Später fand ich dann in der Bibliothek des Antaiji das japanische Original, aber oft nicht die Zeit, es gründlich zu studieren, zudem Sawakis Sprache sehr direkt und rustikal ist – nicht unbedingt das „Hochjapanisch", das ich an der Universität beigebracht bekommen hatte. Endlich, nach acht Jahren als Mönch im Antaiji, gab mir mein Meister den „Laufpass“ und ich beschloss, ein Zelt unter den Obdachlosen im Schlosspark von Osaka aufzubauen, wo ich, bis auf zwei Stunden Zazen am Morgen, den ganzen Tag für mich hatte. Ich erinnere mich noch gut an die schönen Herbstnachmittage, die ich auf der Schlossmauer mit der Übersetzung von *An dich* verbrachte. Nach Einbruch der Dunkelheit ging es dann in die Lobby des nahe gelegenen *Hotel New Otani,* zur Reinschrift. Am nächsten Tag tippte ich das jeweilige Kapitel an einem Computer im Erdgeschoss des *Panasonic*-Hochhauses ein, wo damals das Internet noch kostenlos zur Verfügung stand. Die Notizen warf ich fort, sobald der Text online auf der Antaiji-Homepage zu lesen war – mein Vertrauen in das für mich ganz neue Medium war noch unbegrenzt.

Guido Keller vom Angkor Verlag begann sein Interesse an der Veröffentlichung des Buches zu zeigen, es sollte im folgenden Jahr erscheinen. Wie groß war meine Überraschung da, als meine Homepage nach Neujahr aus unerfindlichen Gründen plötzlich nicht mehr existierte. Da ich alles ohne Back-ups am Computer im Internet-Café geschrieben hatte, war meine gerade vollendete Übersetzung zusammen mit der Homepage im Cyberspace verschwunden. Wahrscheinlich hätte ich nicht die Energie aufgebracht, das Ganze noch einmal zu übersetzen, wenn die Dateien nicht ein, zwei Wochen später als Caches bei *Google* wieder aufgetaucht wären. Zu dem Zeitpunkt war allerdings mein Meister im Antaiji gerade mit dem Bulldozer beim Schneeräumen tödlich verunglückt, und ich musste mein Zelt im Park abbrechen, um Verantwortung für das Kloster zu übernehmen, in dem ich selbst zum Mönch ordiniert worden war und das die Tradition von Sawakis Lehre am Leben hält. Das Amt des Abtes zu übernehmen war keine leichte Entscheidung für mich, zumal es bedeutete, fortan wenig Zeit zum Übersetzen zu haben.

Die *An dich*-Kapitel waren dann doch bald wieder online zu lesen, und das Buch kam im Sommer 2002 im Angkor Verlag heraus. Abgesehen vom Zeitmangel hatte ich aber für eine Weile ohnehin die Nase voll vom Übersetzen: Sawaki zu lesen ist eine Sache – seine Sprüche aus der oft mit Dialekt vermischten japanischen Umgangssprache möglichst treu ins Deutsche zu übersetzen, ohne dass ihnen dabei ihre besondere Kraft verloren geht, ist eine ganz andere Sache. Es ist eine Aufgabe, der man kaum wirklich gerecht werden kann. Meist erfordert es sehr viel mehr Energie, die Worte eines anderen zu übersetzen als die eigenen Gedanken zu formulieren (was schwer genug sein kann).

Als dann im Sommer 2003 der zweite Teil von *An dich* (im Japanischen *Ikiru chikara toshite no Zen*, wörtlich: „Zen als Lebenskraft“) herauskam, fühlte ich mich aber doch sofort wieder hingezogen zu der Aufgabe des Übersetzens. Stück für Stück, vor allem im Winter, wenn der Schnee keine andere Beschäftigung erlaubt, machte ich mich an die Fortsetzung der Arbeit. Doch musste ich feststellen, dass sich zu der ungebrochenen Anziehungskraft, die Sawakis Sprüche auf mich ausüben, ein innerer Widerstand gesellte, der umso stärker wurde, je mehr ich mich der Übersetzer-Arbeit widmete. Das war der oben genannte Zweifel: Treffen diese Sprüche wirklich ins Schwarze? Was bedeutet es überhaupt, wirklich ins Schwarze zu treffen?

Dem aufmerksamen Leser wird nicht entgehen, dass diese „Sprüche“ lauter Widersprüche sind. Zugleich schreibt der japanische Herausgeber Kushiya Shusoku Roshi aber auch in seinem Nachwort, das ich für eine der gelungensten Reflexionen über Sawaki Roshi und sein Werk überhaupt halte: „Manchen kommt es vielleicht eher so vor, als ob Sawaki Roshi stets das Gleiche wiederholt – sie haben sich schon satt gelesen.“ Und Kushiya ermahnt uns „jeden Einzelnen der Sprüche Sawaki Roshis so (zu) lesen, als begegneten wir darin unserem eigenen Selbst zum allerersten Mal ... Wenn wir auf diese Weise den Acker unseres eigenen Lebens pflügen, kommen auch wir endlich an den Punkt, wo wir die Worte unserer eigenen Wahrheit in uns finden und hervorbringen müssen."

Deshalb scheint es mir, dass Sawakis Worte immer knapp am Schwarzen vorbeigehen – er trifft ganz verschiedene Punkte auf der Zielscheibe, und manchmal scheint es sogar, als ginge der Pfeil weit vorbei. Aber wenn wir das Ganze betrachten, werden wir nicht nur Sawakis Zielrichtung erkennen können, sondern wir werden auch intuitiv spüren, wo der schwarze Punkt liegt, um den herum diese Sprüche kreisen, ohne ihn je wirklich zu treffen – denn das können keine Worte, das können nur wir selbst. Unser tägliches Leben zu leben ist das Schwarze, um das es hier geht, und keiner, nicht einmal Sawaki Roshi, kann uns das abnehmen. Vielleicht ist das eine Bedeutung der alten Zen-Wahrheit: „Ein guter Schütze verfehlt das Ziel."

Muho,
im Antaiji, Winter 2004

Was bedeutet Zazen?
Es bedeutet, Buddha zu spielen.
Das ist keine Arbeit.
Wir spielen Buddha.

Der eine ist besser als der andere – lässt sich das wirklich sagen? Jeder Einzelne von uns ragt wie eine Felswand meilenweit in den Himmel. Da gibt es keinen Vergleich: Du bist du, ich bin ich.

Alle machen sich über dich lustig, weil du ein Nichtsnutz bist? Du musst dich nur selbst finden. Finde deine eigenen, persönlichen Stärken. Gründe dich fest auf dich selbst, ruhe stabil in dir selbst.

Schminke – verleugnest du damit nicht dein eigenes Gesicht, indem du es in das eines anderen Menschen verwandelst? Dadurch wirkst du nur wie ein Gespenst. Die Kunst des Schminkens liegt darin, erst einmal das eigene ungeschminkte Gesicht zu verstehen und zu akzeptieren, um dann dessen Besonderheiten durch die Schminke hervorzuheben. Der Wissenschaftler lebt als Wissenschaftler, der Ungelernte als Ungelernter. Wichtig ist nur, das Beste aus diesem Leben zu machen. Du darfst deine Zeit nicht verschwenden.

Wenn wir zu uns selbst erwachen, dann wird uns endlich gelingen, das Beste aus unserem Leben zu machen. Doch dabei darf es keinen Stillstand geben. Wir müssen jeden Tag neu damit anfangen.

Du befindest dich in ständigem Wandel, doch in jedem einzelnen Augenblick bist du vollkommen dein wahres Selbst. Das ist nicht so wie das Bild auf der Leinwand. Eher so wie der Mond im Wasser. Er ist ständig in Bewegung, wirklich nur in diesem einen Augenblick. Deshalb verlierst du ihn leicht aus den Augen. Doch dieser eine Augenblick ist einmalig, so unwiederholbar wie das ganze Leben. Wenn du ihn aus den Augen verlierst, verlierst du damit dein Leben – und was wird dann aus dem, was der Sawaki hier gerade zu sagen hat? Du machst es alles zunichte!

Du übst Zazen schon seit fünf oder zehn Jahren? Was ist da schon dabei! Du musst jeden Tag ganz von neuem nach deinem Weg suchen.

Wenn du den Buddhaweg zu deiner eigenen Frage machst, wirst du erkennen, dass er sich jeden Tag ändert. Wie soll ich den ewigen Weg in diesem Augenblick, in diesem Fall, beschreiten? Wir müssen in jedem Augenblick neu aufwachen, jeden Augenblick von neuem praktizieren.

Wer weiß schon, ob er morgen noch leben wird? Wer erinnert sich noch an gestern? Wirklich wichtig ist, was ich in diesem Moment tue. Meine Füße müssen hier so fest auf dem Boden stehen, dass durch sie mein ganzer Leib in der Erde verankert ist.

Den Buddhaweg zu gehen bedeutet, damit aufzuhören, den anderen alles nachzumachen. Den Buddhaweg kannst du niemandem nachmachen, du musst ihn selbst gehen, auf deine ganz eigene Weise. Auch Geistesruhe kannst du niemandem nachmachen – wie willst du das Satori [intuitive Erleuchtung] der anderen denn imitieren? Es geht um dich selbst, an diesem Ort, in diesem einen Augenblick: Was bringt es dir da, dich auf das Satori deines Meisters zu berufen? Es ist DEIN Leben, da geht nichts auf die Rechnung Buddhas. Den Buddhaweg zu praktizieren bedeutet, dein eigenes Leben zu schöpfen, es bedeutet, deinen eigenen Weg zu finden, um dieses Leben zu leben.

Was heutzutage Religion genannt wird, sind bloß schöne Worte, die zu nichts taugen – leeres Gerede, das auswendig dahergeleiert wird, ohne irgendetwas mit unserem Leben zu tun zu haben.

Die Lehre zu hören bedeutet, eine leere Pumpe am Anfang mit etwas Wasser zu füllen. Ein Normalbürger ist wie eine leere Pumpe: Mit Luft gefüllt taugt sie nicht dazu, Wasser aus dem Brunnen zu pumpen. Wird dagegen Wasser von oben in diese Pumpe gegossen, dann fängt sie an, das Wasser aus der Tiefe hoch zu pumpen. Auf diese Weise kommt das anfangs eingefüllte Wasser wieder aus der Pumpe heraus. Das Wasser, das danach aus der Pumpe fließt, stammt weder vom Meister noch vom Buddha, sondern aus der Tiefe des eigenen Brunnens.

Den Buddhaweg zu gehen bedeutet, deine ganz eigene Natur zu entfalten.

Es wäre albern, wenn sich der Sawaki die Maske von Shakyamuni Buddha aufsetzte. Sawaki steht ganz für sich selber ein. Er lässt sich selbst von Shakyamuni oder Maitreya nicht vertreten. Denn was dieser Sawaki kann, können weder Avalokiteshvara noch Shakyamuni an seiner Stelle. Wenn du erkennst, dass auch du über etwas verfügst, das keiner ersetzen kann, wirst du fortan dein Leben leben, ohne den anderen zur Last zu fallen. Du hattest es schon seit ewiger Vergangenheit. Es ist das, was am allerwichtigsten an dir ist.

Der Wert eines Menschen richtet sich nicht nach seinem Monatsgehalt. Was ist dann aber der wahre Wert eines Menschen? Wenn du nach ihm suchst, musst du erst einmal dich selbst finden. Wenn sich einer auf diese Suche begibt, dann hat er damit bereits das größtmögliche Glück für einen Menschen gefunden. Mit sich selbst vertraut werden – was könnte größer sein als das?

Als Schüler Bodhidharmas lernen wir nicht von einem anderen. Wir üben nicht so wie Kinder, die ihre Klavierstunden nehmen. Unser Ausgangspunkt ist dieser Rumpf mit Kopf, Armen und Beinen. Wir müssen uns ständig fragen, ob unsere Praxis nicht etwas Abgehobenes oder auswendig Gelerntes ist. Unser Glück muss darin bestehen, festen Halt in uns selbst zu finden – das bedeutet es, Buddha zu sein.

Was ist das Ziel unserer Praxis? Uns auf der Grundlage der Lehre von Buddhas und Patriarchen täglich neu zu erfinden, in diesem Leben, in dem jeder einzelne Tag der allererste ist. In diesem grenzenlosen Leben geht es darum, wie wir uns selbst erfinden – vollkommen neu, ohne irgendjemanden nachzuahmen oder uns auf auswendig Gelerntes zu berufen. Schöpfe dich selbst, erfinde dein eigenes Leben neu!

Wenn ich Geld hätte, wäre meine Lehre witzlos. Nur weil ich arm bin, hat das, was ich euch sage, seinen Wert. Es passt einfach zu mir. Ich würge mir nicht selbst die Luft ab. Ich erwache zu mir selbst.

Ich bin als Waisenkind aufgewachsen, ohne Geld und von schwachem Verstand – alle Bedingungen zum Unglücklichsein in dieser Welt beisammen. Kein Mensch sollte unglücklicher sein als ich, doch mir kommt es so vor, als lebte ich das glücklichste Leben der Welt. Ich könnte nicht dankbarer für dieses Leben sein.

Als ich noch ein kleiner Handlanger im Eiheiji war, saß ich einmal alleine in der halbdunklen Halle in Zazen. Als die alte Küchenfrau, die mir gewöhnlich bei der Arbeit übel zusetzte, das zufällig sah, warf sie sich unwillkürlich nieder und verbeugte sich vor mir, so als sei ich der Buddha persönlich. Diese Erfahrung hat mein Leben bestimmt. Hier habe ich gemerkt, dass ich Zazen mein ganzes Leben lang üben muss: „In Zazen steckt etwas, das selbst diese Alte dazu zwingt, sich niederzuwerfen ... Ich weiß nicht warum, aber Zazen ist wertvoller, als ich es mir überhaupt vorstellen kann.“ Auf diese Weise habe ich mein ganzes Leben für den Weg des Zazen gelebt. Ich bin dankbar dafür, das *Kesa*[1] zu tragen und in Zazen sitzen zu können.

Mir geht es in meinem Leben nicht darum, die höchste Wahrheit zu predigen oder über die tiefsten Gedanken zu meditieren. Ich folge einfach geradeaus der Lehre von Buddhas und Patriarchen und sitze. Mit achtzehn wurde mir klar, dass es nichts Wertvolleres geben kann als ein Leben für Zazen.

---

[1] Buddhistische Mönchsrobe; Sanskrit: *kashaya.*

Wenn du weißt, worum es in deinem Leben geht, dann setze alles daran, es in die Tat umzusetzen. Es ist nicht nötig, andere einzuladen, es mit dir zu tun. Kein anderer kann das für dich tun: Du musst dein eigenes Leben schöpfen.

Für mich gibt es keinen Weg außer Zazen. Auf diesem Weg gibt es für mich keinen Grund, andere zu beneiden noch auf irgendjemanden herabzublicken. Denn ich will nicht so sein wie irgendjemand anderes. Der Herr Präsident? Ist mir schnuppe! Der Sawaki braucht einfach nur der Sawaki zu sein, was sonst!?

Ich wünsch mir nichts weiter in diesem Leben. Ich geh vor niemandem in die Knie, um zu betteln. Auch halte ich an nichts fest, das andere von mir haben wollen. Wenn ich zu essen habe, dann esse ich. Wenn nicht, dann nicht. Mein Geist ist fest entschlossen: Solange mein Leben reicht, werde ich leben, und wenn es ans Sterben geht, dann werde ich sterben. In diesem Augenblick breitet sich das Leben so klar und weit wie der blaue Himmel vor mir aus – was könnte es Schöneres geben?

Ich habe keine Heimat. Dafür bin ich überall zuhause. Nirgends fühle ich mich als Gast. In welchen Tempel ich auch eingeladen werde, ich wohne da so, als wäre es mein eigener Tempel. Ich lebe frei heraus, ohne große Umstände. In jedem einzelnen Schritt, den ich tue, finde ich mein Zuhause. In jedem einzelnen Schritt liegt das Universum. Kein Ort, wo ich hingehe, kein Ort, an den ich zurückkehre. Kein Ort, wo ich mich verstecken könnte, und auch nichts, dem ich hinterherlaufen müsste.

Ursprünglich fehlt keinem von uns überhaupt irgendetwas. Tosui Osho nennt es: „Dein Geist, der vollkommen Buddha ist". Buddha zu sein bedeutet, auf dich selbst zu vertrauen und zufrieden zu sein. Es bedeutet nicht, von deinem Normalbürgertum aus in die Höhe zu klettern, um Buddha näher zu kommen, so als würdest du deinen eigenen Wert in die Höhe steigern. Solange wir den Wert einer Sache steigern, bewegen wir uns in unserer Normalbürgerwelt, die mit der Welt Buddhas nichts zu tun hat.

Lange Jahre trieb ich herum im Strudel des Karma, bis mir das Zazen endlich in Fleisch und Blut überging. Womit habe ich es verdient, endlich in Zazen Frieden gefunden zu haben? Welche Freude könnte größer sein als die, einfach in Zazen sitzen zu können? Für dieses Zazen will ich mein ganzes Leben über essen und – wenn ich krank bin – Medizin einnehmen, meine ganze Lebensenergie soll auf dieses Zazen gerichtet sein. Und ich bin dankbar, dass all die Menschen um mich herum mir bis heute zu essen und frische Kleidung gegeben haben und dass sie mir das Badewasser einließen, um mir dieses Leben für Zazen zu ermöglichen.

Ich weiß nicht, womit ich mir dieses Leben verdient habe, aber irgendeinen Grund muss es doch haben. Jedenfalls habe ich mein ganzes Leben mit nichts anderem als Zazen zugebracht. Ich bin zu nichts anderem fähig, als das *Kesa* zu tragen und in Zazen zu sitzen. Zu mehr ist der Mönch Sawaki nicht in der Lage. Ich tue einfach, was ich kann. Das bedeutet, meinen Weg bis zum Ende zu gehen.

Ich bin dankbar für alles in diesem Leben: Dafür, dass ich in Armut geboren wurde, dafür, dass meine Eltern früh gestorben sind, dafür, dass ich von Zuhause weglief und im Eiheiji alles Mögliche miterlebt habe. Dankbar dafür, dass ich heute, so wie eine Blume, die der Sonne entgegenwächst, mein ganzes Wirken nach dem Weg richten kann.

Du willst so glücklich sein wie die anderen? Du sagst: „Ich wär so gern wie du“? Dein Glück gleicht nicht dem Glück von irgendeinem anderen. Du musst dein eigenes Glück für dich selbst entdecken.

Rodin sagte einmal, dass der Mensch der Schmied seines eigenen Glücks sei. Jeder findet das eigene Glück auf die eigene Weise. Jeder verfeinert sein eigenes Glück, jeder baut sein eigenes Glück auf. Es ist wichtig, dass du dein eigenes Glück nicht aus den Augen verlierst.

Egal was dein Schicksal ist: Es ist DEIN Schicksal. Jeder Einzelne von uns, wann auch immer, wo auch immer, muss sein eigenes Schicksal selbst leben. Keiner kann uns dabei helfen.

„Ich habe keine Buddhanatur. Aus mir wird nie ein Buddha. Buddha und ich sind so verschieden wie die Sonne vom Mond ...“ So zu denken bedeutet, die drei Schätze von Buddha, Dharma und Sangha zu beleidigen. Es ist Blasphemie gegenüber dir selbst. „Ich bin doch nur ein armes Schwein, ein Mensch verloren in der Irre ...“ Du tust dir selbst leid? Für so ein armes Schweinchen nimmst du dich jetzt allerdings ziemlich wichtig.

Jeder erfüllt seine eigene Aufgabe an seinem eigenen Platz, ohne sich selbst zu entehren. Die Füße fest auf dem Boden. Das bedeutet *Samadhi* [Versenkung, Sammlung]: das Selbst, das unübertroffen im Himmel und auf Erden ist. Wenn du den Garten fegst, wird der Garten gefegt, wenn du das Klo putzt, wird das Klo geputzt – von dem Selbst, das unübertroffen im Himmel und auf Erden ist. Nur du selbst kannst diese Arbeit verrichten. Es gibt keine Welt außer deiner eigenen. Dein Selbst ist die Welt.

Alle scheinen zu glauben, dass sich die Menschen in Klassen und Stände einteilen lassen. Aber das ist nicht so. Ich bin ich. Jeder von uns steht absolut nur für sich selbst ein. Das bedeutet es, Buddha zu sein. Wenn du die Welt unabhängig von zwischenmenschlichen Beziehungen betrachtest, gibt es da kein „besser“ oder „schlechter“. Ein hässliches Entlein ist ein Buddha als hässliches Entlein, eine Schönheit ist Buddha als eine Schönheit. Das eine ist gut, das andere ist gut.

Wenn alle klatschen, klatschst du auch, wenn alle lachen, lachst du mit. Erst wenn du ganz ans Ende gehst, wirst du damit aufhören und, fest mit beiden Füßen auf dem Boden stehend, aufwachen zur Wahrheit: Ich bin ich.

Willst du gleich nach der Musterung zum Offizier werden? Du musst größenwahnsinnig sein. Das Ziel eines Marinesoldaten dritter Klasse muss es sein, zum besten Marinesoldaten dritter Klasse in ganz Japan zu werden. Es reicht vollkommen, wenn du zu einem perfekten Marinesoldaten dritter Klasse wirst.

Zum Buddha zu werden bedeutet, nach Vollkommenheit in sich selbst zu suchen. Jeder muss sich sich selber zuwenden: Der Herr Vorsitzende muss ein vollkommener Vorsitzender sein, der einfache Angestellte ein vollkommener einfacher Angestellter.

„Gehe deinen Weg allein, so wie das Horn des Einhorns.“ Alleinsein hat eine tiefe Bedeutung. Es bedeutet, dass du dich mit niemandem vergleichen lässt.

So wie eine Krabbe, die unter Wasser Blasen blubbern lässt, so kommt auch der Geist des Menschen nie zur Ruhe. Besonders, wenn er allein ist und nichts zu tun hat, fängt der Geist an zu „blubbern“. Warum kann sich ein Mensch nicht ganz allein um sich selber kümmern? Weil er ständig die Bestätigung der anderen braucht, sonst verliert er sein Selbstvertrauen und glaubt, dass er zu gar nichts gut sei. Deshalb ist es so schwer, eins mit sich selbst zu werden. Nur wenn dein Glaube fest und dein Auge scharf ist, wird es dir gelingen, ganz allein in Zazen zu sitzen. Auf diese Weise verwirklichst du die Wahrheit, so wie die einsame Krabbe, die zufrieden Blasen vor sich hin blubbert.

Es ist leicht, deinen Vater, deine Frau oder dein Kind übers Ohr zu hauen. Doch wie willst du dich selbst hinters Licht führen? Tiefer als die tiefsten Täler ist das Selbst, das sich nicht selbst hinters Licht führen lässt. Hab dich fest im Griff in deiner eigenen Welt, in der keiner zuschaut!

Zazen ist dein Licht. Du wirfst Licht auf dich selbst. Du selbst leuchtest hell und klar.

Zazen bedeutet „nur ich selbst“, „All-Einheit“. Werde eins mit dir selbst! Deshalb sage ich, dass wir mit Zazen keinen Zweck verfolgen. Wir sitzen einfach. Wir sitzen, eins mit dem Universum.

Das Auge ist das Auge ist das Auge. Das Ohr ist das Ohr ist das Ohr. Wenn du in der Welt ohne Fabrikationen lebst, dann stammt jede deiner Bewegungen, deine Haltung im Gehen und Stehen, Sitzen und Liegen, aus dem uranfänglichen *Samadhi* des Nicht-Tuns. Die Ohren hören in *Samadhi*, die Nase riecht in *Samadhi*, die Zunge schmeckt in *Samadhi*, der Körper fühlt in *Samadhi*. *Samadhi* bedeutet die ursprüngliche Reinheit und Klarheit der eigenen Natur.

Das Ego loszulassen bedeutet, alles so zu akzeptieren wie eine Rolle im Theater. Du entfaltest dich selbst innerhalb der Rolle, die dir zugewiesen ist. Du wirst einfach eins mit der Rolle, ohne Präferenzen und Illusionen. Der Abt ist eins mit dem Abt, der kleine Mönch eins mit dem kleinen Mönch. Das bedeutet, vertraut mit sich selbst zu werden.

Wenn du den Dingen auf den Grund gehst, wirst du sehen, dass es nichts gibt, dem du hinterherlaufen könntest, und nichts, vor dem du davonlaufen musst. Wohin willst du dich zurückziehen, wenn man dich so in die Enge treibt: „Wer bist du wirklich?“ Ich, hier, jetzt. Vollkommen in diesem Augenblick, muss jeder Einzelne von uns sofort, an dem Ort, wo er steht, das ganze Universum ausfüllen.

Praxis bedeutet, den Ort, an dem du jetzt stehst, zum Paradies zu machen, das Himmelreich unter deinen Füßen zu entdecken.

Ein Dichter wurde durch eine Krankheit für lange Zeit ans Bett gefesselt. Eines Tages sprach er: „Auch heute bekomme ich meine Reisgrütze, auch heute blüht die Ranke für mich. Ich habe es nicht verdient! Meine gute Frau, nur für dich will ich noch etwas länger leben!“ Ein anderer hätte vielleicht so gesprochen: „Was? Auch heute nichts als Reisgrütze? Und vor dem Fenster wuchert der Efeu! Wie trist du doch mein Leben machst, Frau!“ Am gleichen Ort, zur gleichen Zeit, in der gleichen Situation, zeigt einer Dankbarkeit, während sich ein anderer beklagt. Du kannst dich über dieselbe Sache freuen oder ärgern. Alle Dinge sind Buddhanatur, doch nur wenn ein Buddha als Buddha die Dinge betrachtet, erkennt er sie als Buddhanatur. Wenn ein Mensch in der Irre dieselben Dinge betrachtet, sieht er nur seine Illusion. Doch das bedeutet nicht, dass die Illusion verschieden ist von der Buddhanatur.

Wenn deine jetzige Lebenseinstellung Humbug ist, bedeutet das, dass all die, die dir bis heute zu essen gegeben haben, die dich unterstützt oder dir etwas beigebracht haben, das alles nur gemacht haben, um dir diesen Humbug zu erlauben. Wenn deine heutige Lebenseinstellung dagegen solide ist, bedeutet das, dass du für diese solide Einstellung geboren, erzogen und unterstützt wurdest. Mit deiner jetzigen Lebenseinstellung erweckst du die ganze Vergangenheit zum Leben.

Was bedeutet es schon, Glück oder Pech zu haben? In welcher Situation auch immer du dich befindest, lebe dein Leben fest mit beiden Beinen auf dem Boden verankert.

Den Buddhaweg zu praktizieren bedeutet nicht, auf einen Platz an der Sonne zu hoffen. Den Buddhaweg gehen bedeutet, in deiner gegenwärtigen Situation nicht herumzustrampeln. Hier ist der Ort, dein Leben zu opfern, hier ist der Ort, an dem du deine ganze Kraft geben musst. Das ist die Bedeutung des Satzes: „Alle Phänomene sind die Form der Wahrheit."

Geistesruhe bedeutet, genug zu haben am täglichen Leben. Genug zu haben bedeutet, abzusehen vom „Vorher“ oder „Nachher“ und eins zu sein in diesem Augenblick. Ich rede nicht von der Vergangenheit oder Zukunft. Ich rede davon, der Gegenwart fest ins Auge zu schauen. Nichts ist wertvoller als dein gegenwärtiger Geist. Denn in ihm ist ewiges Leben.

„Was du gestern bekommen hast, sollst du heute zurückgeben“, so etwas mag ich nicht. Wenn ich etwas bekomme, stecke ich es ein und sage: „Danke!“ Wenn jemand es von mir braucht, gebe ich es ihm einfach. Das ist alles.

Den Buddhaweg zu üben bedeutet, zufrieden zu sein mit dem heutigen Tag. Deine Füße müssen fest auf dem Erdboden stehen, damit du den heutigen Tag, diesen Augenblick, den Ort, an dem du stehst, und vor allem dich selbst nicht aus dem Blick verlierst. Übung besteht dann nicht darin, das Saubermachen so schnell wie möglich zu erledigen. Wenn du beim Saubermachen dein tägliches Leben nicht aus den Augen verlierst, dann ist das selbst Übung.

Übung bedeutet, mit sicherem Schritt voranzugehen, indem du mit einer Taschenlampe nur das Dunkel vor deinen Füßen beleuchtest. Es wird dir nicht gelingen, Überblick über die ganze Dunkelheit zu gewinnen. Aber wenn du dir für jeden Fußbreit Übung einen Fußbreit Klarheit verschaffst, dann verwirklichst du so den ewigen Buddhaweg.

Tue einfach das, was du tust, ohne über Gewinn oder Verlust nachzudenken. Gib alle Kraft, die du hast, hin an diesen einen Augenblick.

Ich mag es, wenn ein Mensch seine ganze Kraft aufbietet. Wenn ich sehe, wie einer mit seiner Energie spart, möchte ich ihm am liebsten eine Ohrfeige versetzen. Das gilt auch für den Fahrer im Reisebus: Mir bekommt seine gespannte Konzentration im Verkehr Tokios besser als das entspannte Fahren auf dem Land.

Was auch immer du tust, das Beste ist, alles von dir zu geben. Spuck dir in die Hände und tue alles mit Herzenslust!

Im Krieg sammelte ich irgendwann einmal meine ganze Energie im *Tanden* [Unterbauch] und stand entschieden auf. Da gelang es mir endlich, fest nach vorne zu schauen. Als ich so alleine stand, spürte ich das Gewicht ganz Japans auf meinen Schultern. Während ich vor Furcht die Augen geschlossen hielt, konnte ich nichts sehen. Nur mein verzweifelter Entschluss aufzustehen ermöglichte es mir, die Augen zu öffnen.

Dein Leben aufs Spiel zu setzen, ist keine große Sache. Der Soldat Sawaki hielt im Feuer des Feindes so lange stand, bis er endlich sein eigenes Bataillon zum Sturm in die feindlichen Reihen führte. Aber das hat nichts damit zu tun, über Leben und Tod hinauszugehen. Das war einfach nur der Leichtsinn eines Räuberhauptmanns im Stile Mori no Ishimatsus[2]. Mir war es gleich, ob es mich das Leben kostet. Große Gedanken über den Tod habe ich mir ohnehin nicht gemacht.

---

[2] Ein Outlaw, ähnlich Robin Hood; lebte gegen Ende der Tokugawa-Ära.

Wenn ihr mir so gegenübersitzt, habe ich keine Wahl: Ich muss alles von mir geben, wenn ich ein *Teisho* [Dharmarede] halte. Was ich nicht weiß, das muss ich eben zusammenlügen. So ernst ist mir die Sache, dass sich ganz von allein mein Rückgrat streckt.

Du hast überhaupt keine Wahl. Tue einfach, was du tun musst. Lass sein, was du sein lassen musst. Je mehr du von dir gibst, desto gelassener wirst du sein. Hierin liegt das Geheimnis.

So wie du dir das ganze Jahr über, ja das ganze Leben über keinen Urlaub vom Atmen nehmen kannst, so darf es auch keine Pause bei der Übung geben. Auf dem Klo ist Übung. In der S-Bahn ist Übung. Beim Lesen ist Übung. Die Form ändert sich, doch es darf keine Pause bei der Übung geben.

In Zen bedeutet dein Leben selbst Religion, und das immer in diesem Augenblick. Diesem Moment direkt ins Auge blicken, ohne etwas davon zu erhoffen, ohne etwas davon abhängig zu machen, ohne etwas hinzuzufügen oder davon abzuziehen – einfach diesen einen Moment auskosten. Dein Blick auf dieses Leben muss so klar sein, dass du zufrieden sein kannst, selbst wenn dir in diesem Augenblick der Atem ausgeht.

Wenn dein Ziel in der Zukunft liegt, ist schon alles zu spät. Du musst es in diesem Augenblick in dir selbst finden. Satori bedeutet nicht, sich auf der Hoffnung auszuruhen, dass „ich heute noch nicht so weit bin, aber irgendwann wird es mir schon irgendwie gelingen", sondern es bedeutet, dein Leben zu leben, indem du an jedem Ort und zu jeder Zeit alles von dir gibst und dadurch eins mit dir bist. Wenn du jetzt allerdings sagst, dass du bereits „an jedem Ort und zu jeder Zeit alles von dir gibst und eins mit dir bist" – zögerst du da nicht bereits vor dem nächsten Schritt zurück? Zu glauben, man habe Satori, ist auch nur eine Illusion. Nur wenn du dir klar darüber bist, dass an deiner Übung immer etwas fehlt, wird jeder Einzelne deiner Schritte auf dem Weg zu einer Übung mit Leib und Seele. Das ist „an jedem Ort und zu jeder Zeit alles von dir zu geben und dadurch eins mit dir zu sein".

5. Weisheit ist wie eine Raupe

Ein Arzt sagte mir: „Ich bin Doktor der Medizin, in der Schule war ich immer der Erste. Als ich meine Praxis aufmachte war ich mir ganz gewiss, zum besten Arzt in ganz Japan zu werden. Doch keiner der Patienten, die zu mir kamen, war so, wie ich es im Lehrbuch gelesen hatte. Wenn ich meine Medizin nicht noch einmal ganz von neuem erfinde, habe ich nichts, womit ich meinen Patienten helfen könnte." So ist das Leben. Wenn ein Zen-Mönch sich darauf verlässt, dass sein Satori von gestern auch heute noch Gültigkeit hat, dann macht er sich große Illusionen.

Jeder einzelne Augenblick ist der erste in deinem Leben, jeder einzelne Augenblick ist der letzte in deinem Leben. Die Wahrheit ändert sich in jedem Moment, und gleichzeitig ist die Wahrheit das ewige Leben.

In diesem einen Augenblick fliegst du durch das ganze Universum, aber das bedeutet nicht, dass du dann schon alles durchflogen hast. Da bleibt noch genug Raum zum Weiterfliegen, genug Raum, um dein ganzes Leben lang weiterzufliegen.

Du hattest einmal Satori, und danach war alles in Ordnung? Nein, so einfach ist das leider nicht. Satori hat nur in diesem einen Augenblick Gültigkeit. Im nächsten Augenblick ist es bereits vergangen und tot. Je mehr du dich nach dem Buddhismus streckst, desto höher entweicht er dir, je mehr du dir den Kopf über ihn zerbrichst, desto schwerer wird er dir verständlich sein. „Über Buddha hinausgehen" bedeutet, dem grundlos Tiefen ganz auf den Grund zu gehen: Da gibt es kein Ende, an das zu gelangen wäre.

Wenn du glaubst, bis ganz nach oben geklettert zu sein und dein Satori erlangt zu haben, dann geht es danach nur noch abwärts. Zen-Praxis bedeutet jedoch, dein Leben lang weiter nach oben zu klettern. Wenn du Zen praktizieren willst, musst du gelassen genug sein, dir zu sagen, dass es dein Leben lang weiter gehen wird mit der Praxis.

Weisheit wird oft mit einer Raupe verglichen. Sie bleibt nicht bei der Leere als Leere stehen. Sie verweilt aber auch nicht beim Sein als dem Sein. Sie bewegt sich wie eine Raupe in alle Richtungen. Auf dem Buddhaweg gibt es keine „richtigen Antworten".

Was sich in eine Form gießen lässt, ist tot. So wie eine Tonbandaufnahme. Nichts für Menschen aus Fleisch und Blut, denen es um ihr Leben geht.

Ihr wollt meine Reden auf Tonband aufnehmen, um sie euch später im „Sawaki Roshi Fanclub" anzuhören? Alles, was ich zu sagen habe, gilt nur in diesem einen Augenblick!

Sich eine Dharma-Rede anzuhören ist so, wie eine Mahlzeit einzunehmen: Nach einer Weile bekommst du wieder Hunger.

Wenn du die Lehre hörst, musst du sie aufnehmen mit einem Geist, der so klar und weit wie der Himmel ist. Wenn sich dein Geist so weit ausdehnt, dann wirst du eins mit dem Universum sein, du wirst aufgehen in grenzenlosem *Samadhi*. Das nennt man „die Lehre hören".

Wenn mir keiner zuhören würde, dann bräuchte ich mir auch keine Gedanken zu machen, worüber ich reden soll. Ich würde einfach vor mich hin träumen und von Zeit zu Zeit gähnen. Deshalb ist es wichtig für mich, dass jemand mich darum bittet, die Lehre zu predigen, und dass er mir dabei zuhört. Ich bin dankbar dafür. Wenn ich mir Gedanken darüber mache, was ich morgen reden soll, nimmt die Lehre in mir selbst erst klare Gestalt an.

Dieser Augenblick darf nicht die Fortsetzung des vorherigen sein. Du musst einen klaren Strich machen und in diesem Jahr ganz neu anfangen, dieses Jahr zu leben. Diesen Monat musst du ganz neu anfangen, diesen Monat zu leben, und heute musst du noch einmal ganz von neuem anfangen, diesen einen Tag zu leben.

Jedem einzelnen Tag begegnest du heute zum ersten Mal. Ewig gibt es nur diesen einen Augenblick, ewig hier und jetzt. Dieser grenzenlose Augenblick bedeutet dein gegenwärtiges Leben, das immer eine vollkommen neue Tatsache ist. Selbst die Vergangenheit ist, vom gegenwärtigen Augenblick aus betrachtet, eine vollkommen neue Vergangenheit.

Zum ersten Mal in deinem Leben praktizierst du Zazen am heutigen Tag. Begegne jedem Tag deshalb mit demselben frischen Geist, den du zu Neujahr hast. In Zazen ist jeder Tag ein Neujahrstag. Einen guten Rutsch! Die Frage und der Inhalt deiner Praxis in diesem einen Moment muss sein, wie du jedem einzelnen Augenblick neu begegnest.

Manche fragen sich bei ihrer Ordination zum Mönch: „Werde ich wirklich in der Lage sein, das Mönchsdasein mein ganzes Leben lang durchzuhalten?" Mach dir keine unnötigen Sorgen! Sei einfach ein Mönch nur für diesen einen Tag. Sei täglich Mönch für einen Tag. So lebst du dein Leben als Mönch, Tag für Tag.

Jeder Tag ist der erste des Lebens. Lebe diesen einen Tag so, als wärst du heute neu zur Welt gekommen.

Du hast deine eigene gabe. Der heutige Tag stellt seine eigene Aufgabe. Wenn du de Augen öffnest für diesen Augenblick – hier und jetzt und ständi Bewegung –, wirst du erkennen, dass nichts an ihm fehlt. Der h ige Tag ist ganz der heutige Tag: Vollkommen und in sich abges ssen.

Selbst in dieser lter bin ich noch ein Anfänger in Zazen. Wenn wir dagegen anfa n, uns für Fortgeschrittene zu halten, betrügen wir uns nur selb „Zazen für Fortgeschrittene"? Red keinen Scheiß! Zazen muss i er vollkommen neu sein. Daher ist es am besten, stets mit Anfär geist zu üben. Glaub nicht, dass deine Praxis gereift ist, wenn d m „Fortgeschrittenen" wirst.

Bitte b immer ein Anfänger in Zazen. Vergiss nie das Gefühl, das du est, als du zum ersten Mal die Zazen-Halle betratst. Dieses G l von Ehrfurcht bringt uns Zazen ganz nahe. Vergiss nie dein erstes Zazen, werde nicht zum „Zazen-Profi".

eine Übung entwickelt sich bestimmt nicht weiter, nur weil du älter wirst. Übe Zazen jetzt, solange du noch jung genug dazu bist. Was auch immer du tust, tue es mit frischem Mut und ganzer Kraft.

Du erblickst Buddha nie endgültig. Du musst immer wieder von neuem einen frischen Buddha entdecken. Da gibt es keine Zeit zum Pausemachen. Du musst stets eine ganz neue Lehre hören. Buddha füllt das ganze grenzenlose Universum. Die Frage ist: Wie viel davon bekommen wir in unseren Blick? Nirgends dürfen wir Buddha aus dem Blick verlieren. Selbst wenn wir Marx oder Engels lesen, müssen wir dabei gleichzeitig Buddha erkennen.

Buddha bedeutet das Leben, das wir gemäß der großen Natur leben. Buddha bedeutet die Tatsache, dass das Universum an sich lebt. Jede Minute und Sekunde deines Lebens lebt dein Menschenkörper dieses universelle Leben, nicht ein Bruchteil davon gehört dir persönlich. Das nennt man das wahre Angesicht. Buddha zu sein bedeutet, das Leben deines wahren Angesichtes auszuleben, und nicht etwa dein persönliches, individuelles Leben. Deshalb gibt es für einen Buddha kein Stillstehen.

An das Netz von Ursache und Wirkung zu glauben bedeutet, an das Grenzenlose zu glauben. Es bedeutet, an den steten Wandel des Grenzenlosen zu glauben. Innerhalb dieses grenzenlosen Wandels ist unser Leben nur ein einziger Bildausschnitt.

Der alte Pflaumenbaum blüht auch dieses Jahr. Was ewig alt ist, ist auch ständig neu. Wo sich das Neue mit dem Alten trifft, stößt du auf den verborgenen Sinn des Buddhadharma.

Da besteht ein großer Widerspruch zwischen dem Gesetz von Ursache und Wirkung und dem unabhängigen Entstehen und Vergehen in jedem einzelnen Augenblick: Das Entstehen und Vergehen in jedem einzelnen Augenblick bedeutet, dass dieser Moment vollkommen verschieden vom vorherigen Moment ist, und dass der nächste Moment verschieden ist von diesem. Andererseits erkennen wir das Gesetz von Ursache und Wirkung daran, dass unser Urin von heute das Essen von gestern enthält. So sehr du es auch zu verbergen versuchst, dass du dir gestern den Magen mit Rindfleisch und Zwiebeln vollgeschlagen hast, verrät das heute dein Geruch beim Pinkeln. So gesehen ist der heutige Tag die Fortsetzung des gestrigen, und der morgige Tag ist die Konsequenz des heutigen. Dennoch entsteht und vergeht jeder Augenblick neu. Auch wenn du versuchst, diesen Widerspruch intellektuell zu lösen, wird es dir nicht gelingen, das Grenzenlose in deinem Kopf zu analysieren. Das, was diesen Widerspruch widerspruchslos aufzunehmen vermag, nennt man „Undenken", oder im *Shodoka*[3]: „mit einem Satz direkt in den Bereich des Tathagata[4] springen".

[3] „Lied vom Weg des Erweises". Für Sawakis Kommentare dazu siehe die Literaturhinweise am Ende dieses Buches.

[4] Der so Gekommene (oder so Gegangene), der aus der Soheit Gekommene, der Vollendete; einer der Titel des Buddha Shakyamuni.

Zu lernen bedeutet, nach dem Weg zu suchen, und das bedeutet schließlich, nach sich selbst zu suchen. Gibt es denn überhaupt so etwas wie einen Weg, der unabhängig von deinem Leben ist? Den Weg zu beschreiten bedeutet nichts anderes, als der Frage auf den Grund zu gehen, um was es dir eigentlich in diesem einen Leben wirklich geht.

Wenn Religion zu einer Organisation wird, geht sie dem Ende entgegen. Religion muss dein eigenes Leben sein.

Was hat der Buddha eigentlich gelehrt? Dass jeder Einzelne von uns sich selbst erkennen muss, sich selbst ergründen muss, selbst herausfinden muss, was er hier und jetzt – in diesem Augenblick – wirklich zu tun hat.

Wenn ich diese Rede halte, halte ich sie nicht für euch, ich halte sie für mich selbst. Da spielt es für mich gar keine Rolle, ob mir jemand zuhört oder nicht. Mir geht es nur darum, das Wasser in mir selbst hervorzupumpen. Wenn ich rede, dann rede ich mir selber zu, um mein wahres Selbst ans Licht zu bringen. Von euch erwarte ich nichts, und euch habe ich auch nichts zu geben.

[Im Anschluss an ein Zitat von Honen:] Wenn du den Buddhaweg beschreitest, tue es nicht, um andere zu beeindrucken. Mache kein Geschäft daraus. Praktiziere den Buddhismus so wie ein Dieb: Selbst deine Frau und Kinder sollen nichts davon wissen.

Zazen breitet sich nicht unter den Leuten aus. Versuche nicht, mit „einfachem Sitzen“ zu beeindrucken. Übe Zazen lieber so versteckt, als sei es etwas streng Verbotenes.

Du hast deinen *Bodhi*-Geist erweckt? Du hast den Buddhadharma vernommen? Du hast alles von dir geworfen? Dann pass aber gut auf, dass du nicht anfängst, mit dem „Weggeworfenen“ Geschäfte zu machen.

Wenn du nicht jeden Tag von neuem mit der Praxis beginnst, fängst du an, Rückschritte zu machen. Wenn du dich nicht jeden Tag neu polierst, wirst du rosten. Deshalb ist es wichtig, dass du dich nicht selbst aus den Augen verlierst. Finde den Weg jeden Tag von neuem, sei es beim Essen, sei es bei jeder anderen Verrichtung im täglichen Leben.

Vergänglichkeit bedeutet nur diesen einen Augenblick: In diesem unwiederholbaren Moment geht es um alles oder nichts. Du hast nur diesen einen Atemzug, dann ist alles vorbei. Beim Ausatmen darf es dir nur um dieses eine Mal Ausatmen gehen, beim Einatmen muss dieses Einatmen das letzte Mal in deinem Leben sein. Gewöhnlich irren wir uns, denn wir glauben, dass da noch etwas dazukommen muss: Wir glauben, dass wir für unsere Kinder „Vater“ spielen müssen, und „Großvater“ für die Enkel. Dabei existiert alles nur für sich, in diesem Moment: die Enkel als Enkel, der Großvater als Großvater, der Sohn als Sohn. So wie das Ausatmen nur vollkommen Ausatmen ist und das Einatmen nur dieses eine Mal Einatmen. Auseinander mit euch! Nur wenn etwas ganz für sich alleine existiert, losgelöst und transparent, dann ist es gleichzeitig auch eins mit dem Universum.

Wir sind nie zufrieden: Nicht einmal mit uns selbst sind wir zufrieden, und deshalb versuchen wir unser Bestes, um ein anderer zu werden. Aber das ist genau der Punkt, an dem die Illusion anfängt. Du bist kein anderer als der, der in diesem Moment unzufrieden mit sich selbst sein Leben lebt. Keiner könnte das an deiner Stelle für dich sein. Alles, was du in diesem Moment denkst und willst und tust, bist du selbst, unersetzbar, so wie du bist. Das heißt, es gibt kein „wahres Selbst" außer diesem „unzufriedenen Selbst" hier und jetzt.

Die Geschichte vom verlorenen Sohn, so wie sie das *Lotus-Sutra* erzählt, ist kein Märchen aus alten Zeiten. Da geht es um dich selbst. Bist nicht du derjenige, der mit einer zerbrochenen Bettelschale in den Straßen herumirrt, obwohl dir der Reichtum der ganzen Welt gehört?

Worum geht es in diesem Leben letztendlich? Darum, dein wahres Selbst in den Griff zu bekommen. Darum, zu erkennen, was deine wirkliche Aufgabe ist. Satori bedeutet einfach nur, wirklich du selbst zu sein. Dich selbst zu erkennen und mit beiden Füßen fest auf dem Boden zu stehen. Den Weg zu verwirklichen bedeutet dann, sicher voranzuschreiten, ohne dich selbst aus den Augen zu verlieren.

Ist dein Geist weiß oder rot, rund oder eckig, oder so konturenlos wie eine Amöbe? Du weißt es nicht. Es ist keine Kunst, diesen Geist, von dem du eigentlich überhaupt nichts weißt, einfach so konturenlos zu belassen, wie er ist. Religion besteht darin, diesen Geist in den Griff zu bekommen und sich zu eigen zu machen. Das bedeutet, sich klar über das eigene Leben zu werden.

Buddhanatur meint nichts anderes als dich selbst. Trotzdem denkst du schlecht über dich, du bist unzufrieden und lästerst über dich selbst. Es ist wichtig, dass du dich selbst fest in den Griff bekommst und an dem Punkt endlich zur Ruhe kommst. Als Tochter ganz Tochter sein, als Frau ganz Frau sein – so verwirklichst du deine Buddhanatur und findest Frieden in deinem Leben.

Im Gruppenwahn hörst du auf zu verstehen, was weiß und was schwarz ist. Wenn das, was du tust, auch noch so schlecht ist – tust du es in der Gruppe, kommt es dir nicht mehr schlecht vor. Du verlierst dich selbst aus den Augen. Auseinander mit euch! Ich bin ich!

Hör auf, dir Extrawürste zu braten, und du wirst im Himmel leben. „Außerhalb der Gemeinschaft gibt es keine Verdienste" *(Eihei Shingi)*. Die Augen funktionieren ganz als Augen, die Nase als Nase, die Ohren als Ohren. Jeder muss nur auf ganz natürliche Weise seine Aufgabe in der Gemeinschaft erfüllen.

Wirklichen Geistesfrieden wirst du nur finden, wenn du dir erst mal richtig Sorgen machst, um dein Leben kämpfst und alles tust, um dich nicht selbst aus den Augen zu verlieren. Nur wenn du auf diese Weise bei jedem Einzelnen deiner Schritte deinen Geist anspannst, um den Boden nicht unter den Füßen zu verlieren, wirst du Frieden in deinem Geist entdecken.

Der „Geistesfrieden“, der aus nichts als „Geistesfrieden“ besteht, ist ein künstliches Fabrikat. Weil du ständig dieser Art von „Geistesfrieden“ hinterherläufst, gerät dein Geist erst richtig in Unruhe. Shinran wandte sich gegen diese Art von *Nenbutsu* [Praxis des Anrufens von Amitabha Buddha], bei der es um eine Selbstbefriedigung des Geistes aus eigener Kraft geht. Zen-Praxis darf ebenfalls keine geistige Selbstbefriedigung sein. Wirklichen Frieden des Geistes findest du, wenn du inmitten deiner Sorgen und deiner geistigen Unruhe praktizierst. Im großen Frieden des Geistes verbindet sich geistige Ruhe mit geistiger Unruhe.

Niemand kann zurück zu dem, was früher einmal war. Kein Ding erscheint zwei Mal auf dieselbe Weise. Alles existiert nur einmalig – in diesem Augenblick. Deshalb bleibt uns kein Weg, als einfach geradeaus zu gehen. Der wahre Weg führt endlos weiter geradeaus.

Kinder werden erzogen, indem man sie lobt oder tadelt, aber das allein ist nicht genug. So erzieht man sie nur zu Menschen, die von aller Welt gelobt werden, dafür aber nicht über sich selbst verfügen – sie sind wie leere Nussschalen. Bei der Zen-Praxis geht es genau um diesen Punkt: Selbst wenn Gott stirbt und Buddha nichts mehr von dir wissen will, musst du vollkommen über dich selbst verfügen. Du musst eins mit dir sein.

Wir leben unser Leben nur provisorisch, so als hätte uns einer die Feder aufgezogen. Wir bewegen uns wie Spielzeug-Roboter, bis uns die Feder abläuft. Zazen bedeutet, sich nicht von außen die Feder aufziehen zu lassen, sondern das eigene Leben selbst zu leben.

Wenn du sagst, dass du keine Zeit hast, bedeutet das, dass du dich von etwas Äußerem versklaven lässt. Du brennst ab wie eine Wunderkerze. Sei lieber gelassen, sei ganz du selbst. Wichtig ist, dass du dein Leben fest verankert in dir selbst lebst.

Gelassenheit bedeutet, fest verankert zu sein. Fest verankert worin? In dir selbst. Du musst verankert in deinem täglichen Leben sein. Lass dir nicht von Äußerlichkeiten den Kopf verdrehen. Lass dich auch nicht von deinen Trieben versklaven, lauf nicht ständig deinen Illusionen hinterher. Bleib selbst dann unbewegt, wenn du glaubst, den Buddha oder Dharma erschaut zu haben. Lass dich von überhaupt gar nichts in die Irre führen.

Ich habe keine Verwendung für Satori. Das bedeutet nicht, dass ich kleinlaut „Ich habe noch nicht einmal Satori ..." sage. Ich sage es ganz selbstbewusst: „Noch nicht einmal Satori habe ich!" Es geht weder um Satori noch um Rang und Namen, es geht darum, einfach zu tun, was du tust. Tue einfach, was du tust, was auch immer es sein mag. Das gilt nicht nur für Zazen: Alles was du tust, solltest du einfach tun. Stell das Feuer ein, sei einfach du selbst! Einfach sein, einfach du selbst sein: Das ist *Samadhi*.

Der Vogel singt einfach sein Lied. Der Frühling bringt den Frühling, die Nachtigall manifestiert die Nachtigall. Alles ist einfach so, wie es ist, und es ist weder für dich noch für mich.

Es geht nicht darum, warum du etwas tust. Lebe dein Leben so, als poliertest du einen Dachziegel: Da gibt es nichts zu gewinnen. Dein Leben muss Praxis ohne Ende sein.

Ein religiöses Leben zu führen bedeutet, eine aufrechte Haltung zu bewahren, selbst dann, wenn keiner zuschaut. Du musst dir selbst durchsichtig werden, dich ganz durchschauen. Die Wahrheit zu praktizieren, da wo kein anderer hinguckt: Das ist der Punkt, um den es geht.

Mit sechzehn lief ich von Zuhause weg. Niemals werde ich diesen 10. Juni vergessen. Wenn ich an meine Stimmung von damals denke, scheint mir der Junge Saikichi zuzurufen: „He Kodo, ruh dich nicht auf deinen Lorbeeren aus, was glaubst du eigentlich, wer du bist!?" Dieser Stimme habe ich es zu verdanken, dass ich mich auch heute mit unsicheren Schritten weiter auf dem Buddhaweg voranmache.

Der Horyuji ist der beste Tempel Japans. Trotzdem findest du da keinen Buddhismus. Buddhismus findest du nur in dir selbst. Doch um Buddha in dir selbst wirklich zu begegnen, musst du aufs Ganze gehen. Du gehst aufs Ganze und bekommst es endlich zu fassen – und bist doch nur ein hungriger Geist. Wieder gehst du aufs Ganze – und hörst doch nur Buddhas Stimme aus der Ferne. Noch einmal gehst du aufs Ganze – und erreichst Buddha noch immer nicht. Buddha ist weiter als weit von dir entfernt. Was bleibt dir da anderes übrig, als „einfach dich selbst zu vergessen und Stück für Stück mit der Übung fortzufahren" *(Gakudoyojinshu)*?

Ich schelte mich stets selbst. Mich selbst zu schelten bedeutet, mich selbst fest ins Auge zu nehmen. Dies bedeutet, das Licht umzuwenden und sich selbst zu beleuchten. Das einzige, um das es hier geht, bist du selbst.

Das Licht umzuwenden und sich selbst zu beleuchten bedeutet, ganz sich selbst ausgesetzt zu sein. Es bedeutet, dich still hinzusetzen und dich selbst zu betrachten, so als säßest du im Kino. Wenn du dich auf diese Weise selbst betrachtest, wirst du alle leidenden Wesen verstehen: Du wirst verstehen, dass du selbst eines dieser Wesen bist, die sich in ihrer Unwissenheit verstrickt haben.

Wenn du dir selbst begegnest, dann wirst du dich so sehen, wie du wirklich bist. Dir selbst begegnen: Das ist eine Angelegenheit nur zwischen dir und dir. Zwischen dir, dem Schüler, und dir, dem Meister, und sonst niemandem.

Den Dharma weiterzugeben bedeutet, sich selbst an sich selbst weiterzugeben. Das bedeutet, ganz eins mit sich selbst zu werden.

Du redest über das Leben Buddhas und die heroischen Taten der Zenmönche aus alten Zeiten. Du erzählst, was du in den Sutren gelesen hast. Aber wen interessiert das schon? Das Problem, um das es gehen muss, bist du selbst. Es ist DEIN Problem, und um dieses Problem muss sich deine Praxis drehen!

Du glaubst, dass Dogen Zenji ein großartiger Zenmeister war? Aber was ist mit dir selbst? Illusion bedeutet, sich mit Gerede über Dritte aufzuhalten. Das ist so, als würdest du im Schlaf vor dich hinmurmeln. „Keine leeren Theorien zu verfechten" *(Hachidaininkaku)* bedeutet, mit Haarspalterei und Geschwätz aufzuhören und ganz eins mit diesem Augenblick – hier und jetzt – zu sein.

Es gibt Leute, die wollen ständig Bestätigung von mir: „Reicht es jetzt? Bin ich endlich so weit? Habe ich jetzt Satori?" Solange du noch die Bestätigung von anderen brauchst, ist deine Praxis nicht echt. Wenn du den Weg wirklich fest unter deinen Füßen hast, ist es nicht mehr nötig, andere nach der Richtung zu fragen.

Jeder Einzelne von uns ist das Licht: Keiner von uns unterscheidet sich auch nur ein bisschen von Buddha, wir sind bloß ein wenig vom Weg abgekommen. Deshalb müssen wir die Stimme, mit der die leuchtende Weisheit zu uns spricht, ganz klar mit unserem ganzen Körper hören, so wie er hier lebt. Wir müssen den Buddhadharma mit unserem Körper manifestieren. Was könnte es Wundervolleres geben als das?

Dieser Klumpen von Zellen, den wir einen Normalbürger nennen, manifestiert Buddha. Hier liegt die Bedeutung von Zazen. Zazen ist der alte Patriarch, der zugleich dein ganz neues „Ich" ist.

Buddha bedeutet dich selbst. Wenn DU nicht als Buddha lebst, wer dann?

8. Ich werde mit meinem Universum geboren, und ich werde mit meinem Universum sterben

Wenn von „Sawaki" die Rede ist, weiß ich, dass es um mich geht, auch wenn keiner „Kodo" hinzufügt. Wenn der Sawaki das ganze Universum ausfüllt, gibt es keinen „Sawaki" mehr außer dem Universum, und auch kein „Universum" außer diesem Sawaki.

Wir glauben, dass wir ganz aus eigener Kraft leben, aber in Wirklichkeit ist es die große Natur, die uns am Leben hält. Dein Leben gehört nicht dir allein, es ist universell. Dieses universelle Leben ist dein Selbst, es ist der wahre Menschenleib, der den gesamten Kosmos ausfüllt. Zazen bedeutet, das universelle Leben – das heißt: dein Selbst – zu leben. Dies bedeutet wiederum, das Universum selbst zu manifestieren und zu bezeugen. Wenn ich alleine Zazen praktiziere, dann praktiziert das ganze Universum mit mir, eingeschlossen in Zazen.

Dein eigenes Leben selbst zu leben bedeutet, das ganze Universum auszufüllen. Du allein füllst das ganze Universum aus. Hier liegt die tiefe Bedeutung des Zazen.

Wer realisiert die universelle Wahrheit? Wer, wenn nicht du selbst? Religion muss aus deinem eigenen Leben bestehen.

Was könnte es Armseligeres geben als einen, der sich ständig über die eigene Armseligkeit beklagt? Zwischen dir und Shakyamuni Buddha gibt es nicht die geringste Distanz!

Wenn du klar erkennst, dass dein Leben nahtlos verbunden ist mit dem Universum und kein Haarbreit zwischen dich und Buddha passt, dann wird es dir nichts ausmachen, ob du auf der Bühne die Vorder- oder Hinterbeine im Kamel-Kostüm spielst: Du wirst in jeder Einzelnen deiner Handlungen deine ganze Lebenskraft entfalten.

Interessant an dieser Welt ist die Tatsache, dass sie ihre Gestalt abhängig von der Einstellung annimmt, die du der Welt gegenüber hast. Der Buddhaweg ist deine eigene, persönliche Wahrheit. Das bedeutet aber nicht, dass dieser Weg mit deiner eigenen, persönlichen Befreiung endet – das wäre Hinayana[5]. Im Mahayana bist du hingegen nicht nur mit Buddha nahtlos verbunden, sondern auch mit den leidenden Wesen, die in der Hölle schmoren.

Zazen ist deine eigene, persönliche Wahrheit, mit der du sowohl die ewige Vergangenheit als auch die ewige Zukunft erlöst. Es ist eine objektive Tatsache, die du tief in deinem subjektiven Inneren findest: Wenn es dir schlecht geht, geht es auch der Sonne und dem Mond schlecht. Wenn es dir dagegen gut geht, lachen dich selbst die Radieschen auf dem Teller an. Wenn du aber wütend wirst, regt sich selbst der Teppich noch mit dir auf. Hier liegt die Wurzel deiner Welt.

Was du siehst, liegt nicht außerhalb deiner selbst. Deshalb kann man auch sagen, dass alle Phänomene bloß dein eigener Schatten sind.

[5] Eigentlich Theravada, die alte Schule des Buddhismus.

Was ein anderer gesehen hat, ist nicht deine eigene Erfahrung. Du musst deine eigene Wahrheit entdecken. Satori liegt nicht irgendwo außerhalb: Es geht um dich selbst. Es geht darum, deine Lebensweise um 180 Grad umzuwenden, deine Sichtweise der Dinge, deine Art, zu hören und zu riechen, zu lecken und zu schmecken. Du musst umkehren zum Leben. In Büchern wirst du die Antwort nie finden.

Der Fensterrahmen unseres Egos ist so beschränkt, dass wir die Welt nur ganz verzerrt sehen. Wir betrachten die Dinge wie durch eine gefärbte Brille. Das, was wir da sehen, existiert oft gar nicht – es ist nur das Brett vor unserem Kopf, auf das wir starren! Wir müssen diese gefärbte Brille abnehmen, um die Dinge so zu sehen, wie sie sind: ungeschminkt und transparent. Dann werden wir auch erkennen, dass Berge und Flüsse, Bäume und Gräser nicht getrennt von uns existieren.

Diese Welt ist deine Welt, ist meine Welt. Das ist so, als ob sich Milliarden von Lichtern, für jeden Menschen eines, gegenseitig beleuchteten. Und wenn ich sterbe, dann stirbt auch mein Berg Fuji mit mir, mein Himmel und meine Erde sterben mit mir, und diese Tasse Tee stirbt mit mir.

Ich bin meine eigene Welt. Wenn ich sterbe, dann stirbt die Welt mit mir. Denn als ich geboren wurde, wurde diese Welt mit mir geboren. Du sagst: „Selbst wenn du stirbst, bleibt diese Welt doch bestehen!" Nein, mein Teil der Welt stirbt mit mir. Denn jeder Einzelne von uns ist vollkommen, da fehlt es an nichts. Den Buddhaweg zu gehen bedeutet, sich dieser Tatsache ganz bewusst zu werden.

Du kommst mit deinem Universum zur Welt. Und wenn du stirbst, dann stirbt das Universum mit dir.

9. Herr Sawaki macht gerne, was ihm gerade in den Sinn kommt, aber ich frage diesen Herrn Sawaki nicht immer nach seiner Meinung

Die Leute sagen, dass der Herr Sawaki keine weltlichen Begierden habe. Weit gefehlt! Ich reiße mich nur gerade noch so am Riemen. Wenn ich meinen Begierden hinterherliefe, würde ich dem Buddhadharma eine Schande bereiten, deshalb lasse ich es bleiben. Das ist alles. Aber gerade weil ich so viele Begierden habe, verstehe ich auch die Begierden anderer Menschen. Würde ich die Begierden nicht verstehen, wäre ich ein Idiot. Aber ich will nicht als Idiot leben. Wenn ich die Biegungen meiner Begierden betrachte, erkenne ich spitze Winkel und Ecken. Ich bringe diese Winkel und Ecken meiner Begierden mit auf den Buddhaweg. Je mehr du davon auf den Buddhaweg mitbringst, desto besser. Aber wenn sich die Winkel deiner Begierden einmal abstumpfen, dann werden sich auch deine guten Seiten abschürfen, und dir wird der Elan ausgehen. Die Kraft, uns am Riemen zu reißen, erhalten wir aus der Menge unserer Begierden. Wichtig ist der Punkt, an dem sich dieses Leben voller Begierden mit dem Buddhaweg überkreuzt.

Der Mensch Sawaki wird vom Buddhaweg vorangezogen. Deshalb kann der Normalbürger Sawaki nicht immer das machen, was ihm gerade in den Sinn kommt. Das bedeutet, an den Weg zu glauben. Wenn ich mich selbst durchschaue, kann mich der Herr Sawaki nicht an der Nase herumführen.

Niemand mag den Dharma von Buddhas und Patriarchen wirklich; dann schon eher den Dharma von Wein, Weib und Gesang. Auch ich würde mich viel lieber gehen lassen und tun, was mir in den Sinn kommt, aber Zazen lässt mir keine Wahl: Es zieht mich voran. Alles passt darauf auf, dass ich nicht in die Irre gehe.

Selbst wenn du versuchst, unbewegt zu sein, wirst du doch nie richtig Ruhe finden; das ist dein Los als Mensch. An dieser menschlichen Schwäche lässt sich einfach nichts ändern. Auf dem Buddhaweg geht es darum, diese widerspenstige Bestie „Mensch" zu zähmen. Es geht nicht darum, sie auszurotten. Wenn du ein wildes Pferd so gut zähmst, dass du es überall frei auslaufen lassen kannst, hat es seinen Wert als Pferd. Ist das Pferd dagegen halb tot, wirst du nichts von ihm haben. Genauso ist es beim Menschen: Es geht nicht darum, ihm das Mensch-Sein abzugewöhnen. Es geht darum, ihn zu zähmen. Ein richtig gezähmter Mensch ist ein Buddha.

Jede einzelne Zelle in diesem Körper ist der Grundstoff für Begierden. Die Frage ist: Wofür verwendest du diese Zellen? Dieser Körper bedeutet einen lebenslangen Ballast, aber das heißt nicht, dass wir ohne ihn auskommen könnten. Ohne diesen Körper könnten wir auch kein Zazen üben. Die Kunst besteht darin, diesen Ballast richtig an der Strippe zu ziehen und dadurch in die bestmögliche Richtung zu führen. Auf diese Weise können wir Begierden in Weisheit umsetzen und diesen Ballast von einem Körper in etwas Wertvolles verwandeln. Wir werden unsere Begierden nie loswerden, aber je nachdem, wie wir mit diesen Begierden umgehen, werden sie aufhören, einen Ballast für uns darzustellen.

Mystische Kräfte zu besitzen bedeutet, mit sich selbst umgehen zu können.

Buddha und ich spielen Tauziehen: Wer ist der Stärkere? Gelingt es mir, Buddha zu mir herüber zu ziehen und zum Nachtisch zu verspeisen? So wünscht es sich wenigstens der Normalbürger Sawaki. Der will sich ständig selbst aufblähen und im Kampf mit den Ellbogen allen anderen voraus sein.

Du suchst nach Wahrheit? Wer bist du denn in Wahrheit? Nicht einfach ein Normalbürger? Was ist denn schon an deiner großen Suche? Versuchst du nicht, nur so zu tun, als hätte es mit deinem Normalbürgertum etwas ganz Besonderes auf sich?

Der Buddhadharma ist keine Krampfanstrengung. Wenn du aufhörst, dich abzukämpfen, fängt der Buddhadharma an.

Wir verstehen Zazen nicht, weil wir es mit unseren Normalbürger-Augen betrachten.

Worum geht es eigentlich beim Buddhadharma? Nicht darum, uns als Normalbürger zu verbessern. Eher darum, uns als Normalbürger so weit zu verschlechtern, dass wir uns nicht mehr unter die Leute trauen.

Was wissen wir eigentlich über das Leben? Überhaupt nichts! Was ist das Ziel unseres Leben? Es gibt keines! Wir wissen überhaupt gar nichts, und trotzdem haben wir jeden Tag zu essen. „Ich lebe mein Leben durch die Gnade Gottes" (Nishida Tenko). Wenn dem so ist, dann sollten wir vielleicht nicht so ein großes Theater um uns selbst machen.

Wenn du aufhörst, so ein Theater um dich selbst zu machen, wirst du sehen, dass alles ganz einfach ist. Was du für „dich selbst" hältst, bist du nicht wirklich. Lass dich nicht an der Nase herumführen!

Der Buddhaweg führt nicht ins Paradies. Es geht einfach darum, sich nicht in der Illusion zu verirren und sich nicht selbst verrückt zu machen. Den Weg zu üben bedeutet einfach, den Blutstau im Kopf zu senken.

Es geht darum, die festen Begriffe und hartnäckigen Vorstellungen in unserem Kopf einmal gut durchzumassieren. Nur wenn wir an keinem einzigen Ding haften, haben wir den „Geist, der weich und folgsam ist".

Wenn ich mich aufrege, mache ich *Gassho*[6]. *Gassho* senkt den Blutandrang, und der Krampf löst sich.

Wenn du im vollen Lotus sitzt, wird es warm um deine Hüften werden, während sich der Blutandrang zu deinem Kopf senkt. Im Zazen geht es darum, diesen Blutandrang zu senken.

Umfangen vom *Kesa* können wir uns nicht in unseren Begierden verlieren, selbst wenn wir es versuchten. Das *Kesa* beschützt uns vor den Begierden, es lässt uns das Meer von Leben und Tod überqueren. Wir verdanken es auch dem *Kesa*, dass wir genug zu essen haben, um Zazen zu üben.

Wenn du im Zen-Kloster lebst, wird morgens um drei die Trommel geschlagen, zum Zeichen, dass es Zeit zum Aufstehen ist. Auf diese Weise erledigt sich ganz von allein deine Begierde, länger zu schlafen. Eine Begierde, die sich in nichts auflöst. Ein Schritt ins Nirwana.

Der Mensch, der in die Hölle fällt, und der Buddha, der den Menschen aus der Hölle erlöst – diese Verbindung wird im Buddhismus durch die Reue erreicht. Wenn die Reue wahrhaftig ist, dann ist auch das Buddha-Sein wahrhaftig. Hier verkehrt die Illusion mit Satori, hier offenbart sich die Tiefe des Glaubens.

---

[6] Die traditionelle Zen-Verbeugung mit aneinanderlegten Handflächen.

Dein Leben lang von Buddha gezogen, vom Dharma gezogen zu leben – dies bedeutet, dass dein Geist selbst Buddha ist.

Selbst wenn dir jemand Teer über den Kopf gießt – wenn du das von einem Standpunkt aus betrachtest, der 180 Grad verschieden vom gewöhnlichen ist, kann es dir sogar von Nutzen sein. Mit welchen Augen siehst du das ärgerliche Gesicht deines Gegenübers? Mit welchen Ohren hörst du die bösen Worte, mit denen sie über dich lästern? Bist du in der Lage, das Gift in Medizin umzuwandeln und Kraft daraus zu schöpfen? Die Frage ist, wie du persönlich mit diesem Leben umgehst, und die Antwort auf diese Frage muss deine Religion sein.

Wenn jemand falsche Gerüchte über dich verbreitet, wirst du wütend und willst es ihm gleich heimzahlen. Das ist normal, aber so verrätst du doch nur, wie unreif du bist. Besser ist es, diese falschen Gerüchte als eine Warnung des Himmels zu verstehen: „Sawaki hat Bestechungsgelder eingesteckt!" Ja, wenn ich nicht aufpasse, könnte mir das vielleicht wirklich passieren. „Sawaki hat es mit dem und dem Mädchen getrieben!" Wenn ich das höre, erkenne ich, dass es tatsächlich möglich wäre. Wenn ich diese Gerüchte als eine Warnung für mein Leben verstehe, werden sie zu einem wertvollen Wegweiser für mich.

Wie grausam das Leben auch mit mir umgehen mag, all diese Schicksalsschläge helfen mir nur weiter auf dem Weg zur Erlösung. Die, die als meine Feinde vor mir erscheinen, hindern mich daran, unaufmerksam zu sein. Die, die mir als Teufel zusetzen, verhindern, dass ich mich auf die faule Haut lege.

Du glaubst, dass das Leben ein Kampf ums Fressen oder Gefressenwerden ist. Wenn du aber erkennst, dass du nahtlos mit allen Dingen um dich herum verbunden bist, wirst du auch verstehen, dass dir selbst deine Feinde im Überlebenskampf nur geholfen haben, zu wachsen und zu reifen.

Du wirst wenig Erfolg haben, wenn du versuchst, süßen Nektar aus einer sauren Dattelpflaume zu gewinnen. Die wahre Süße der Dattelpflaume bekommst du nur zu schmecken, wenn du wartest, bis sie von selbst reift und sich die Säure in Zucker verwandelt, denn abgesehen von der Säure gibt es gar keine Süße. Genauso verhält es sich auch mit dem grenzenlos weiten Buddhadharma.

Es ist in Ordnung, wenn dir ein Unglück passiert, denn dann siehst du plötzlich wieder klar geradeaus. Es ist nicht so nützlich, wenn es dir immer gut geht: Dann fängst du an, ein Gesicht wie ein Kater zu machen, der sich verschlafen in der Sonne räkelt.

Ich möchte für den Rest meines Lebens von einem *Anja*[7] begleitet werden. Denn vor den Augen meines *Anja* wird es mir nicht möglich sein, die Waffen zu strecken und mich auf die faule Haut zu legen. Das allein ist bereits Praxis. Umso mehr, wenn mich nicht nur mein *Anja* im Visier hat, sondern ich ringsum von Feinden umgeben bin, die nur darauf warten, dass ich mir eine Blöße gebe: Dann bin ich von morgens bis abends so erfüllt von konzentrierter Spannung, dass alles, was ich tue, zu Praxis wird. Insofern ist dieses Leben, bei dem ich mich nie hinter den Kulissen verstecken kann, ein wirkliches Glück für mich!

---

[7] Ein Mönch, der sich rund um die Uhr um die persönlichen Angelegenheiten eines Zenmeisters kümmert.

Was ist das große Geheimnis, um das es in der Buddhalehre geht? Die Kunst, zu einem glücklichen Narren zu werden! Dies bedeutet, dass du die Befreiung in dir selbst, in deiner Sichtweise der Dinge findest. Ich könnte überhaupt nicht glücklicher sein, als ich bin. Von morgens bis abends bin ich dankbar für alles, was mir passiert.

Im Zen sagt man: „Jeder Tag ist ein guter Tag!“ Die Frage ist jetzt: Was musst du machen, damit jeder Tag wirklich ein guter Tag wird? Was musst du besitzen, um jeden einzelnen Tag wirklich genießen zu können? Überhaupt nichts! Du musst überhaupt nichts tun oder besitzen, um glücklich zu sein. Du wirst nur ständig von deiner Idee an der Nase herumgeführt, dass du dies machen musst oder jenes haben willst. Wenn du endlich erkennst, dass diese Idee nur ein Hirngespinst war, wird jeder Tag wirklich ein guter Tag und jedes Jahr wirklich ein gutes Jahr sein.

Das eine Streichholz der Weisheit erleuchtet alle Richtungen: Vergiss alles andere, wirf alles von dir fort!

In unserem täglichen Leben werden wir ständig auf die Probe gestellt. Wir machen uns Sorgen um dies und das oder glauben, tief in der Klemme zu stecken. In Wirklichkeit machen wir uns diese Sorgen aber nur um unser eigenes, persönliches Schicksal; wenn wir davon loslassen, lösen sich alle Probleme auf.

Dir geht's mal gut, dir geht's mal schlecht – aber lohnt es sich wirklich, dich von deiner Tageslaune verrückt machen zu lassen? Wenn du einmal ganz loslässt, wirst du feststellen, dass das alles eigentlich ganz egal ist. Du musst sterben, um ein glückliches Leben zu führen.

Ein echter Buddhist lässt sich von nichts und niemandem etwas vormachen.

Es sind nur deine eigenen, persönlichen Probleme, um die du dir Sorgen machst. Es ist nur dein eigenes, individuelles Glück, über das du dich freust. Als Kind konnte ich auch nie verlieren, aber jetzt, mit über achtzig, macht mir das nichts mehr aus. Wenn du von all dem absiehst, was nur dir persönlich und individuell gehört, wirst du immer Frieden haben. Dein Leiden wird dir nichts mehr ausmachen, und dein Glück lässt dich nicht mehr über die Stränge schlagen. In jeder Situation wirst du Gleichmut bewahren. Dann tritt auch dein Ego nicht mehr in den Vordergrund. Das ist wahre Zufriedenheit.

An das Ende der Illusion gelangst du dann, wenn du dich selbst vergisst.

11. Du willst nicht in die Hölle fahren? Keine Angst, die Hölle macht Spaß!

Von deiner Geburt bis zu deinem Tod wird dein Leben beherrscht von Illusionen. Täglich versuchst du am Futtertrog deinem Nächsten mit den Ellbogen zuzusetzen. Manche treiben ihre Illusionen sogar so weit, sich ein langes und glückliches Leben zu erhoffen!

Wie leben wir dieses Menschenleben? Manche werden antworten: „Was geht mich das an? Ich bin ungefragt in die Welt hinausgeworfen worden, was bleibt mir jetzt anderes übrig, als mein tägliches Brot zu futtern, bis ich irgendwann krepiere."

Was ist schon groß dran an diesem Leben? Gleich ob du reich bist oder arm, ein Staatsbeamter oder ein einfacher Arbeiter – dein Leben besteht letztendlich doch nur aus Fressen und Scheißen! Wichtig ist dabei bloß, dass du selbst entschlossen in den Fluss des Lebens hineinspringst. Sich ziellos treiben zu lassen und erschöpft nach Luft zu schnappen oder aber allen voran in den Strom zu springen – ob du dein Leben als Qual oder als Vergnügen empfindest, entscheidet sich hier.

Da war einmal ein Neurotiker, der Angst hatte, dass er durchs Staatsexamen fallen würde. Als er mit blutunterlaufenen Augen und einem sorgenvollen Gesicht zu mir kam, sagte ich ihm: „Angenommen, du fällst durch die Prüfung – was bedeutet das schon, außer dass es genug fähigere Prüflinge gibt als dich? Ist das nicht ein Grund zur Freude? Wenn dagegen so jemand wie du die Prüfung besteht, heißt das, dass es nicht genug Bessere gibt als dich, und dann steht es nicht gut um unser Land!"

Du willst nicht in die Hölle fahren? Keine Angst, die Hölle macht Spaß!

Wir Normalbürger halten unsere Ansichten von uns selbst für wirklich: Heute glauben wir, dass wir glücklich sind, morgen sagen wir, dass wir unglücklich sind ... So verschwenden wir unser ganzes Leben, denn ist es in Wirklichkeit nicht bloß unsere Einbildung, die uns sagt, dass wir „glücklich" oder „unglücklich" sind? Ist das in Wirklichkeit nicht vollkommen substanzlos?

Wir tragen unsere eigenen, persönlichen Ansichten mit uns herum, von denen wir ständig beherrscht werden. Wenn wir sie einfach nur loslassen, werden wir eins mit dem Universum, eins mit Buddha sein.

Warum dreht sich die ganze Welt eigentlich ständig wie verrückt im Kreis? Weil allen nur ihr eigenes, persönliches Schicksal wichtig ist. Wenn du dich – so wie ich – entschließt, dein ganzes Leben als armer Mönch zu verbringen, wirst du mit diesem Theater aufhören.

Ich habe mich mein ganzes Leben lang nur vergnügt. Meine Reisen sind mein Hobby, und wenn ich den Leuten, die kommen, um meine Reden zu hören, dann Nachhilfe im Buddhadharma gebe, tue ich das auch nicht, weil ich hinterher ein Trinkgeld dafür bekomme; es ist bloß reine Spielerei für mich. Die Menschen sollten sich alle mehr vergnügen, anstatt sich zu streiten, weil sie glauben, arbeiten zu müssen.

Niemand zwingt dich, irgendetwas mit deinem Körper oder Geist zu tun. Aber du glaubst trotzdem hartnäckig, dass der Dienst „Dienst" ist, und du forderst mehr Lohn dafür. Ich mache mir dagegen nie Gedanken um meinen Tageslohn, denn für mich ist das kein „Dienst", sondern Spielerei.

Am glücklichsten wirst du sein, wenn selbst die Arbeit noch zum Spiel für dich wird. Die Gymnasiasten in Kumamoto sagten mir immer: „Wenn wir so Ihr tägliches Leben beobachten, ist es schwer zu sagen, ob das nun Arbeit ist oder Zeitvertreib. Man könnte behaupten, dass das Vergnügen selbst Ihr Geschäft ist. So gut wie Sie beherrscht das keiner in der Welt. Sie sind wirklich beneidenswert!"

Es gibt ein Sutra, das von den fünfhundert früheren Leben Shakyamunis berichtet, bevor er als Buddha geboren wurde. Mal lebte er ein Leben als Einsiedler, mal als Brahmane oder Philosoph, auch einmal als Pferd und als Frosch. All das war Shakyamunis Spielerei. Was er in seinen früheren Leben ausdrückt, ist die Tatsache, dass alles, was wir tun – gleich, wann und wo, in welcher Form und unter welchen Umständen, mit welchem Charakter und mit welcher Einstellung – reines Spiel ist. Zu spielen bedeutet, sich selbst zu schöpfen.

Worin liegt Ryokans[8] wirkliche Größe? In der spielerischen Leichtigkeit, mit der er sein Leben lebte. Der machte sich nie Gedanken über seinen Tageslohn. Die Welt sollte etwas von Ryokans Spielerei lernen!

[8] 1758-1831, Zen-Mönch, der meist als Eremit lebte und besonders für seine Gedichte und Kalligrafien berühmt wurde. Siehe Taigu Ryokan: *Ich spiele auf dem Buddha-Weg* (Angkor Verlag 2015).

Der Bodhisattva Avalokiteshvara[9] läuft vor nichts davon und läuft auch nichts hinterher. Er lässt sich nicht treiben in der vergänglichen Welt, weil er nicht – wie die Hinayana-Anhänger – von der Hypothese ausgeht, dass wir uns erst einmal aus unserem Leiden und unseren Illusionen befreien müssen. Er erkennt klar, dass all das ursprünglich gar nicht existiert, deshalb gibt es für ihn nichts, wovor er davon- oder dem er hinterherlaufen müsste. Deshalb genießt er die Freiheit, sich in jeder möglichen Situation und jeder denkbaren Form spielerisch selbst zu verwirklichen.

Es gibt wirklich keinen Grund, in diesem Leben ständig mit Händen und Füßen um sich zu schlagen. Selbst wenn mir jemand Gift in den Tee mischte, würde ich deswegen kein Theater machen. Warum auch? Diese eine Periode Zazen auf dem Kissen beinhaltet alles. Es gibt kein „wahres Zazen" außer dem Zazen, das du in diesem Augenblick übst.

---

[9] Steht für universelles Mitgefühl.

Welchen Sinn hat unser Leben eigentlich? Unser Leben hat keinen Sinn! Und durch Zazen kommst du jetzt endlich an den Punkt, an dem du verstehst, dass es gar nicht darum geht, „was es bringt“ – einschließlich dieses Zazens selbst.

Du sagst, es sei witzlos, Buddha nur zu imitieren. Dann imitiere doch einmal einen Dieb, und du wirst sofort selbst zum Dieb werden. Das Großartige an diesem Normalbürger-Leib ist, dass wir mit ihm Buddha imitieren können.

Mit diesem Körper, mit dem du dich bis heute dem Glücksspiel gewidmet hast, kannst du auch Zazen praktizieren und „mit einem Satz direkt in den Bereich des Tathagata springen“ *(Shodoka)*. Dieser eine Sprung in den Bereich des Tathagata bedeutet das Zazen, das von einem Normalbürger praktiziert wird, der bis vor einem Augenblick noch nervös Gewinn und Verlust kalkuliert hatte.

Deine Illusionen wirst du nie vollkommen ausrotten: „Ich will ja nicht angeben, aber Illusionen habe ich nun gar keine mehr!“ Versuche nicht, Zazen so zu praktizieren, als wolltest du eine Zwiebel schälen. Selbst wenn du auf diese Weise „Satori“ oder was auch immer bekommst – das ist nicht echt. Praktiziere Zazen lieber mit diesem Normalbürger-Geist, mit all deinen Illusionen und Trieben. Setz dich mit diesem Leib, so wie er in den sechs Welten des Leidens herumirrt, einfach in Zazen. Wenn du auf diese Weise einfach sitzt, sind dein Affengeist und Pferdewille selbst Undenken, deine Illusionen sind so, wie sie sind, unbefleckte Wahrheit. Das ist es, was Dogen Zenji im *Eihei Koroku* den „Lotus inmitten des Feuers“ nennt.

Wenn ich nehme, was mir nicht gehört, bin ich ein Dieb – sofort, im selben Augenblick. Wenn ich dagegen Zazen praktiziere, bin ich sofort ein Buddha. Dafür brauche ich keine Technik, ich muss nur an Zazen glauben und sitzen, um Buddha zu sein. Das ist dann nicht mehr „Sawaki Kodo"; das geht weit darüber hinaus.

Was hat wirklich Realität? Die Haltung deines Körpers! Wie es um dein Bewusstsein steht, ist nicht das Problem. Das wirkliche Problem löst sich in dem Moment, in dem du dich der richtigen Form des Sitzens überlässt.

Wenn du dein Problem konsequent bis ans Ende durchdenkst, wird dir schließlich nichts anderes mehr übrig bleiben, als einfach zu sitzen. Du wirst keine Wahl haben, außer zu praktizieren. Am Ende gelangst du so zur Praxis des einfachen Sitzens *[Shikantaza]*, zum Zazen, das das Abfallen von Körper und Geist *[Shinjin-datsuraku]* ist.

In der Welt der Menschen geht es stets ums Geld, Karrieremachen, gute Essen und Spaßhaben. So verbringen wir unser ganzes Leben damit, Sex, Schleckereien und anderen Ködern nachzulaufen. Zazen bedeutet, sich davon zu verabschieden. Es bedeutet, eine Pause vom „Mensch-Sein" zu nehmen.

Was bedeutet Praxis? Aufzuhören mit dem Mensch-Sein! Es bedeutet, als Mensch das Handtuch zu werfen.

Was bedeutet „Undenken" *[hishiryo]*? Es bedeutet, Urlaub vom Mensch-Sein zu nehmen. Wenn du dich von der Menschen-Welt verabschiedest, gewinnst du endlich die nötige Distanz, um dich umzuwenden und ein Licht auf dich selbst zu werfen.

Lass los von dir selbst. Starr nicht den Mond an, der Mond scheint von ganz allein.

Unsere Illusionen sind unendlich, daran können wir nichts ändern. Es geht auch gar nicht darum, etwas daran zu ändern: Es geht darum, einfach zu sein. Das bedeutet, einfach zu sitzen *[Shikantaza]*. Wenn du verstehst, dass du keine andere Wahl als diese hast, wirst du aufhören, dich in Sackgassen zu verlaufen.

Warum leben wir eigentlich, in diesem Augenblick? Wir leben innerhalb der Gnade des großen Lichtes, deshalb sollten wir endlich aufhören mit unseren egoistischen Tricks und umkehren zu unserer wirklichen Natur. Das bedeutet, loszulassen von unserem ehrgeizigen Streben nach „mehr“ und uns dem wahren Leben, das sich in jedem einzelnen Augenblick durch und in uns verwirklicht, vollkommen zu überlassen. Dafür brauchst du gar nichts zu „machen“. Wenn du dich ganz diesem Augenblick überlässt, wirst du einfach Zazen sein, und Zazen wird für und durch dich sitzen.

Ich glaube an das Sitzen. Zu glauben bedeutet, dass sich die Zweifel über deine eigene, universelle Natur aufklären: „Es stimmt, dieses ‚ich‘, ‚mich‘ und ‚mein‘ gab es in Wirklichkeit nie!“ So hellen sich auch deine Zweifel über Zazen auf, und du erkennst, dass du keine Wahl hast, als einfach zu sitzen. Das bedeutet, ans Sitzen zu glauben.

Wenn du Zazen praktizierst, bist das in Wirklichkeit gar nicht „du“, der da Zazen praktiziert. Da ist nur unbegrenzte Weite, die unbegrenzte Weite praktiziert. Diese unbegrenzte Weite ist die Bedeutung des Glaubens an Zazen.

In Zazen hörst du auf, „du“ zu sein. Du wirst eins mit der großen Natur, oder besser gesagt: Die große Natur kehrt endlich zurück – zu sich selbst.

13. Ich? Ich bin wie ein Schimmelpilz, der in einer feuchten Ecke wächst

Zazen bedeutet ursprünglich nichts anderes, als das *Samadhi* der Schatzkammer klaren Lichtes zu praktizieren. Da geht es nicht darum, „was es bringt." Es geht darum, in diesen ursprünglichen Zustand zurückzukehren. Deshalb reicht es vollkommen, wenn ein Säugling einfach ein Säugling ist. Stattdessen gibt es Leute, die versuchen, durch Meditation Einsichten zu gewinnen; aber mit Zazen hat das nicht das Geringste zu tun.

Was macht Ryokan so liebenswert? Dass er nie versucht, uns irgendetwas vorzumachen! Wenn ich mich mit Ryokan vergleiche, muss ich mich schämen: Ich verdiene zu viel Geld.

„Den Weg zu erlangen" *[shii-do]* ist nichts, was wir Menschen vollbringen. Was aus einer tiefen Wurzel herauswächst, brauchst du nicht extra zu kultivieren: Die Augen sind waagrecht, die Nase senkrecht.

Wir leben dieses Leben gemäß einer kosmischen Ordnung, die uns am Leben erhält. Wie kommt es da, dass wir uns so in die Brust werfen und von „unserem" Leben sprechen? Wie kommt es, dass sich alles ums „Ego" dreht?

Es gibt überhaupt nichts, was dir selbst gehört oder dich selbst ausmacht. Alles ist wie ein fließender Strom. Da gibt es keine feste Substanz wie das „Ego".

[Sich selbst in die Backe kneifend] Das hier ist nicht mehr als ein Pilz, der bei richtiger Temperatur und Feuchtigkeit aus der Erde sprießt. Nichts Besonderes – ein Schimmelpilz! Ein Produkt der Wärme und Feuchtigkeit!

Weil du die Dinge nur aus der Perspektive deines eigenen Egos betrachtest, siehst du alles verzerrt!

„Soll ich weinen, soll ich fliegen? Vergiss die Tränen und schlag mit den Flügeln!" Wer erinnert sich nicht an diesen Kinderreim? Worum es geht ist, in diesem Augenblick alles von sich zu geben, loszulassen und diesen Leib dem Buddha zu überlassen. Wenn du mit ganzem Herzen Avalokiteshvara Bodhisattva anrufst, dann gibt es dich in dem Moment nicht mehr – da gibt es nur noch Avalokiteshvara Bodhisattva. Das bedeutet umgekehrt, dass du das ganze Universum ausfüllst.

„Das Feld, der Berg, das Dorf, mein Leib
sind der Hahnenschrei – und nichts außerdem!"

Du musst nur deine Wellenlänge anpassen, um eins mit allem zu sein. Die Naht zwischen dem Feld, dem Berg und dir verschwindet, und der Hahnenschrei hallt durch das ganze Universum. Außer dem Hahnenschrei gibt es da nichts. Das gilt nicht nur für Klänge. Alles ist eins mit diesem Hahnenschrei, und es gibt da niemanden, der hört, und nichts, was gehört wird. An diesem Punkt lösen sich Subjekt und Objekt auf.

Du musst die Dinge von einem Standpunkt aus betrachten, an dem du alles vollkommen vergessen hast. Nicht nur Reichtum und Armut, sondern auch alle anderen Wertmaßstäbe der Menschen. Wenn du das kannst, werden selbst tausend Heilige nicht an dich herankommen.

Stell das Feuer ein, vergiss einfach alles! Als Mann musst du dein Mann-Sein vergessen, als Frau dein Frau-Sein. Die Wissenschaftler müssen ihre Wissenschaft vergessen, die Adligen ihren Adel, die Armen ihre Armut. Dann gibt es weder Grund zum Hass noch zur Überheblichkeit.

Beim Buddhaweg geht es nicht darum, einen Normalbürger zu einem Buddha umzuformen. Auf dem Buddhaweg springen der Normalbürger und der Buddha gemeinsam weit über die Grenze zwischen „normal" und „besonders", „Illusion" und „Satori" hinweg. Die Buddhalehre macht kein Problem aus Illusion und Erleuchtung.

„Ein Treffer, der dich alles vergessen lässt" *(Shobogenzo Keisei-sanshoku)*. Du musst dich nicht abmühen, dem „wahren Klang" des Bambus zu lauschen – der Klang des Bambus erfüllt das ganze Universum. Wenn du den Klang des Bambus hörst, gibt es nichts als den Klang des Bambus. Wenn du in die Badewanne steigst, gibt es nichts als das Baden. Wenn du eine Mahlzeit einnimmst, gibt es nichts als das Essen.

So zu tun, als ob deine Übung oder dein Satori dir selbst gehörte, das ist so, wie sich schlafend zu stellen und gleichzeitig zu behaupten, nicht zu Hause zu sein.

Das Leben verläuft nicht so, wie du es dir vorstellst. Doch wenn du aufhörst, dir falsche Vorstellungen zu machen, und stattdessen den Blick auf dich selbst wendest, wirst du erkennen, dass es nirgendwo um dich herum irgendwelche Hindernisse gibt.

Deine ganzen Probleme wurzeln in der irrigen Annahme, du könntest gegen die Notwendigkeit ankämpfen. Merkst du nicht, dass du dich dabei verrechnet hast und dich jetzt vergeblich abstrampelst?

„Nichts dabei!", schrieb Jiun Sonja[10] mit großen Pinselstrichen. Die Menschen lachen und weinen, sie machen ein großes Theater um nichts. Doch nur von einem Standpunkt aus, der sich auf gar nichts gründet, wirst du erkennen, dass wirklich nichts dabei ist.

Du machst viel Lärm um nichts. In Wirklichkeit spielt es gar keine Rolle, wie die Würfel fallen. Denn was auch immer geschieht, du wirst nicht aus der kosmischen Dharma-Lotusblüte stürzen.

[10] 1718-1804, berühmter Kalligraf und Mönch, der sich zunächst dem esoterischen Buddhismus, dann dem Konfuzianismus und schließlich dem Zen zuwandte, ehe er seine eigene Ritsu-Schule begründete; verbrachte einen Großteil seines Lebens als Eremit.

14. Der Buddhadharma ist ewig und unbegrenzt – wie sollte er je in deinen kleinen Rahmen von Glück und Zufriedenheit passen?

Als Menschen haben wir Einsichten und Satori. Aber wenn wir nicht über das hinausgehen, was Menschen besitzen, dann ist unser Satori lediglich unser persönliches Eigentum. Was bloß dein persönliches Eigentum ist, ist letztlich überhaupt nichts.

Du sagst, dass Subjekt und Objekt eins sind und nennst das „dein" Satori? Du sprichst vom Loslassen und glaubst, auf diese Weise „deine" Gelassenheit gefunden zu haben? Ein verbreiteter Irrtum ...

Du redest davon, dein Ego wegwerfen zu wollen. Versuchst du in Wirklichkeit nicht, näher an Buddha heranzukommen? An einen Buddha, den du dir nach deinen eigenen Vorstellungen zurechtgemacht hast!

Du sagst, die Buddhalehre sei schwer zu verstehen. Warum ist sie so schwer für dich zu verstehen? Weil du versuchst, sie in deinem kleinen Schädel privat zu verstehen. Wenn du bloß damit aufhören würdest, wäre überhaupt nichts dabei!

Letztendlich geht es bei der Buddhalehre nur um die Frage, wie wir mit uns selbst aufräumen. Ich habe allerdings immer geglaubt, dass ich mich durch die Praxis so entwickeln würde, wie ich es mir selbst vorgestellt hatte; so praktizierte ich möglichst formgerecht viele Jahre lang, ohne dass sich mein eigenes Problem gelöst hätte. Das wirkliche Problem bist du selbst, aber dieses Problem bekommst du bis zum Schluss nicht in den Griff.

Du hältst dich für zufrieden? Das ist nur ein Traum! Hör auf zu träumen und tue mit ganzem Herzen das, was nicht zufriedenstellt: Zazen. Gehe mit festem Schritt den Weg, auf dem es nichts zu gewinnen gibt. So bist du „ein Mensch auf dem Weg der Erleuchtung".

Je mehr Bücher wir lesen, desto mehr versteifen wir uns in unseren Begriffen: Dies ist Hinayana und das ist Mahayana, oder besser gesagt ... Doch mit jedem neuen komplexen Begriff verlieren wir mehr vom wahren Geschmack der Realität. Deshalb müssen wir erst einmal verstehen, dass uns unsere Begriffsspielereien überhaupt nirgends hin bringen. Dann können wir diese Begriffskomplexe wieder auseinandernehmen und die Welt nüchtern und ungeschminkt betrachten. Wenn wir uns aus dem Netz unserer Begriffe befreien, in das wir uns verstrickt haben, dann wird sich unser Blutandrang senken und wir werden dem Leben in jeder Situation mit einem frischen Geist begegnen. Deshalb sage ich immer: „He, auseinander mit euch!"

„Geistesfrieden" oder „Satori" sind nichts Fixes: Wenn du glaubst, den „wahren Dharma" begriffen zu haben, begehst du einen großen Irrtum.

Ständig verstricken wir uns in irgendetwas. Wenn wir uns an die Gebote halten, bleiben wir in unserem Bewusstsein davon stecken: „Seht ihr denn nicht, wie ich mich an die Gebote halte!?" Oder wir sagen Sachen wie: „Diesen Aspekt der Buddhalehre versteht keiner wirklich richtig – außer mir!" Wir sollten nicht so hysterisch werden.

Wie gut es auch sein mag, was du tust, wenn du dich darin verfängst, ist es nichts wert: Vergiss dein Satori, vergiss all deine guten Taten!

Worauf es ankommt, ist nicht deine Intelligenz. Mit der Buddhalehre hat das nichts zu tun. Der Dharma ist nichts anderes als deine ursprüngliche Gestalt. Deshalb ist es wichtig, dass du aufhörst, dir und den anderen etwas vorzumachen, und dass du stattdessen zurückkehrst zu deinem eigentlichen Selbst.

Leere bedeutet ursprünglich das, was nicht in den engen Rahmen deiner Wünsche und Gedanken passt. Nichts verläuft so, wie du dir das persönlich erhoffst.

Warum sind die Menschen eigentlich alle so im Stress? Weil sie alle so beschäftigt damit sind, sich ihre eigenen Extrawürstchen zu braten.

Alle lassen sich von ihrem Ego an der Nase herumführen. Die Ideen, die uns dieses Ego einflüstert, sind alle Illusionen.

Du gehst in die Irre, wenn du nach dem Weg für dich persönlich suchst. Wirf dich selbst hinein in den Weg. Wenn du alles aufgibst für den Weg, bleibt nichts mehr von dir übrig außer dem Weg selbst: Das ist Satori.

Satori ist nichts, was dich persönlich zufriedenstellen würde: Satori bedeutet, dass das ganze Universum nahtlos verbunden ist. Satori muss den gleichen Effekt für dich wie für die anderen haben. Solange es dir um dich selbst geht, hat das nichts mit dem Buddhaweg zu tun.

Wie bitte!? Du fragst mich nach der Lösung des großen Problems von Leben und Tod für dich selbst? Wen interessiert schon dein Leben und Tod? Du zählst überhaupt nicht! *Ha, ha, ha ...* (Oka Sotan Roshi, Sawakis Lehrer).

Mönch zu werden bedeutet, sich von menschlichen Wünschen und Hoffnungen zu verabschieden. Es bedeutet, diese Wünsche und Hoffnungen durch etwas ganz anderes zu ersetzen.

Mach Zazen nicht zu etwas Normalbürgerhaftem. Mach den Normalbürger in dir lieber zu einem Teil von Zazen. Aus Zazen darfst du überhaupt nichts machen.

Die Lösung des Problems von Leben und Tod erfährst du dann, wenn du dich vollkommen in der Übung des Buddhaweges auflöst. Auf diese Weise dein Leben zu leben bedeutet nichts anderes als das „Abfallen von Körper und Geist" *[Shinjin datsuraku]*.

15. Zen ist nichts Spirituelles, Zen wird mit dem Körper praktiziert

Ein Unternehmer, der eine sehr große Summe Geld aufzubringen hatte, hörte einen meiner Vorträge und kam zu dem Schluss: Was ich kann, das kann ich, und was nicht, das nicht. Ich werde einfach mit meinem Körper tun, was ich kann, ohne mir in meinem Kopf unnötige Sorgen zu machen.

Manche Mönche sagen: „Ich rasiere mir den Kopf in meinem Herzen" – und lassen sich die Haare lang wachsen. Was denken die sich eigentlich? Wie sich ein rasierter Kopf anfühlt, verstehst du nur, wenn du dir den Kopf rasierst. Wie es sich im Trainingsanzug anfühlt, verstehst du, wenn du einen Trainingsanzug trägst. Ich bevorzuge es deshalb, das *Kesa* zu tragen.

Satori vollzieht sich nicht in deinem Kopf. Satori wird mit dem Körper ausgeübt. Es bedeutet, sich in der Haltung Buddhas zu üben. Was sich „spirituell" nennt, ist nur mit Vorsicht zu genießen. Zen-Praxis muss beim Körper anfangen.

Praxis bedeutet, ein religiöses Leben zu führen.

Der Geist drückt sich im Körper aus, oder besser gesagt: In der Lebenseinstellung.

Die Sutren sind nicht mehr als das Wasser, das du am Anfang von oben in die Pumpe füllen musst, um die Pumpe in Gang zu bringen. Wenn du dann mit deinem eigenen Körper praktizierst, wirkt deine Lebenseinstellung so wie eine Pumpe, die das Wasser der ewigen Wahrheit ans Licht bringt.

Zu geben bedeutet, nicht zu fordern. Dabei geht es nicht nur um Geld oder materielle Güter. Wir dürfen uns auch nicht nach Satori oder dem Paradies sehnen. Oder uns vor der Hölle fürchten. Es geht darum, unser tägliches Leben als Ausdruck von Geben zu leben. Wir müssen das leben, was „gut für nichts" ist. Dann werden wir auch aufhören, an unserem Leben selbst zu hängen, und frei und souverän wird sich unser wahres Selbst in unserer Lebenseinstellung manifestieren.

Der Weg drückt sich nicht in intellektuellem Verstehen aus. Unsere Lebenseinstellung und unser Charakter sind der Weg.

Zen ist dein tägliches Leben. Wenn du aufs Klo gehst, musst du auf dem Klo dein Leben neu erfinden. Wenn du in die Badewanne steigst, musst du in der Badewanne umkehren zu einem religiösen Leben. Im Zazen geht es darum, das eigene Leben stets von neuem mit frischem Atem zu beleben.

Satori bedeutet nicht, sich neue Begriffe anzueignen. Satori bedeutet, das eigene Leben neu zu erschaffen. Es bedeutet, das ewige Leben in jedem einzelnen Augenblick neu zu leben.

Wenn du darüber klagst, dass es eiskalt ist, wird es dir noch kälter vorkommen, als es ohnehin ist. Bleib lieber still. Wenn wir über etwas reden, führen wir uns mit den Worten nur selbst an der Nase herum.

Ein Judo-Lehrer sagte: „In meiner Schule geht es darum, stets im Fluss zu sein. Wenn dich der Gegner beispielsweise am rechten Handgelenk gepackt hat, ist es zu spät, dir Sorgen um die rechte Hand zu machen. Im Fluss zu sein bedeutet dann, dir mit der linken Hand einen neuen Weg zu öffnen. Wenn du anfängst, Judo zu üben, musst du erst einmal lernen, im Fluss zu sein. Als Achtzigjähriger bin ich heute noch dabei, das Fließen zu üben." Auf diese Weise „im Fluss zu sein" bedeutet, das eigene Leben stets neu zu erschaffen. Nirgends verweilen, nie stehen bleiben, an nichts festhalten. Wer sein Leben auf diese Weise nicht stets neu erschafft, wird in seinem Alltag stecken bleiben.

Wenn du nicht an dir selbst festhältst, ist das Leben in der Welt nicht so schwierig. Nur weil du an dir selbst festhältst, kommt dir alles kompliziert und problematisch vor. Du glaubst, dass der Mond traurig oder glücklich ist, weil du ihn von deinem persönlichen Standpunkt aus betrachtest. Betrachte dich lieber selbst vom Standpunkt des Mondes aus!

Kein Grund, so niedergeschlagen zu sein. Wenn du verlierst, bedeutet das, dass dein Gegner gewinnt. In den Augen Gottes ist das eine so gut wie das andere.

Du steckst fest in deinen Illusionen. Auf diese Weise fesselst du dich selbst. Um aus der Sackgasse herauszukommen, musst du das Universum als Ganzes betrachten, ohne an irgendeinem Detail darin festzuhalten. Selbst die Illusionen lassen sich nicht greifen. Du bist du, ich bin ich. Was für den Kopf Glück bedeutet, ist kein Glück für die Füße. Wenn du das Universum als Ganzes betrachtest, werden sich die hartnäckigen Begriffe, auf denen deine Illusionen sich gründen, von selbst auflösen.

16. Du suchst nach geistiger Ruhe? Mach dir lieber erst mal ordentlich Sorgen!

„Wie bitte!? Geistige Ruhe!? Was willst du denn damit anfangen, jung wie du bist? Oder glaubst du etwa, dass du es dir dein Leben lang gut gehen lassen kannst, wenn du erst einmal die geistige Ruhe gefunden hast? Mach dir lieber ordentlich Sorgen! Ich bin schon über siebzig und mache mir immer noch Sorgen. Wach endlich auf aus deinem Traum!" (Worte des Ältesten im Horinji-Tempel).

Wir müssen uns unser Leben lang Sorgen um die Buddhalehre machen: Was kann ich tun für den Weg, wie soll ich leben? Hier müssen unsere Sorgen beginnen. Wenn wir nicht aufpassen, gewöhnen wir uns im Alter noch ans Mönchsein und hören auf, uns Sorgen zu machen.

Du glaubst, dass ich dank Zazen viel Energie in meinem *Hara* [Bauch] und ein kräftiges Herz habe, was mich zu einem energetischen Menschen machte? Red keinen Blödsinn! Ich lebe mein Leben so, als würde ich über dünnes Eis gehen: Mit der größten Vorsicht und dem höchsten Respekt. Und zwar genau deshalb, weil ich Zazen praktiziere.

Wir sollten uns einmal Gedanken darüber machen, was wir tun können, um den anderen nicht zur Last zu fallen. Nichts ist wichtiger, als niemandem im Weg zu stehen. Wenn du dir nicht im Klaren darüber bist, wie sehr du deiner Umwelt auf die Nerven gehst, reicht deine Praxis nicht einmal an das Hinayana heran; das ist das Allerletzte.

Du solltest dir bewusst werden, dass nicht alles so ist, wie du es gerne hättest. Das wird sich dein ganzes Leben über nicht ändern. Du musst es einfach akzeptieren. Es gibt im Grunde überhaupt gar nichts, was du nicht akzeptieren müsstest, denn kein einziges Ding richtet sich nach DEINER Nase.

Du regst dich auf, weil du glaubst, dass dein Körper dir selbst gehört. Dabei ist er nur ein stinkender Fleischsack, mit Pisse und Scheiße gefüllt. Gehört er wirklich dir? Gehört er überhaupt jemandem? Wenn du weißt, dass dieser Körper nicht DEIN Körper ist, gibt es auch keinen Grund mehr, dich aufzuregen.

Pass dich deiner Umgebung an, mach den anderen eine Freude. Leb dein Leben auf eine Weise, die es deinem Nachbarn erlaubt, zufrieden zu sein. Übe dich auch in der Ehe darin. Übe dich darin, wenn du mit deinen Eltern oder Kindern umgehst. Lebe dein Leben wie ein Toter – so wirst du niemandem auf die Nerven gehen.

Das gilt auch für mich: Wenn ich nicht wirklich tot bin, fange ich gleich an, mich zu ärgern. „Tot sein" bedeutet, dass dieser Körper nicht mir gehört. Er gehört allen gemeinsam, und ich überlasse ihn den Menschen, sie können damit tun, was sie wollen. Sollen sie doch ihren Spaß an diesem Toten haben.

Du musst deinen Körper fortwerfen, wenn du den Weg finden willst. Du erwachst in genau dem Augenblick, in dem du deinen Körper ganz loslässt.

Kein Mensch kommt gegen einen an, der seinen Körper ganz losgelassen hat. Selbst wenn du ihm einen Tritt in den Arsch gibst, du kommst nicht gegen ihn an.

Manche glauben, sich von Leben und Tod zu lösen bedeute dasselbe, wie sein Leben aufs Spiel zu setzen. Aber das Leben aufs Spiel zu setzen ist keine große Kunst. Die Räuber aus alter Zeit haben alle ihr Leben weggeworfen. Sich von Leben und Tod zu lösen bedeutet etwas anderes: Es bedeutet, die Buddhalehre als Ganzes zu klären.

Nachdem ich aus dem Krieg zurückgekommen war, wurde ich einmal Zeuge der Explosion eines Munitionslagers. Du kannst dir nicht vorstellen, wie bei dem Schrecken meine Hoden zusammenschrumpften! Während des Krieges hatte ich immer groß mit meinem Kampfgeist angegeben, aber im Rückblick war das auch nicht mehr als der Leichtsinn eines Räuberhauptmanns wie Kunisada Chuji. Mut entwickeln wir immer dann, wenn wir einen Gegner haben, mit dem wir kämpfen können. Sitzen wir allerdings ganz stumm und allein in Zazen, hilft uns unser Mut und Kampfgeist überhaupt nicht, wenn der Boden plötzlich unter uns zu wackeln beginnt. Die Gelassenheit, die wir in der Buddhalehre finden, hat mit dem Übermut eines Kunisada Chuji nichts zu tun. Wir müssen die Buddhalehre auf ganz andere Weise üben. Als ich dies zum ersten Mal verstand, hörte ich auf, mit den anderen darum zu wetteifern, wer der Beste und Mutigste sei.

Setz dich erst mal hin. Kein Grund zur Eile. Nimm in Ruhe die richtige Sitzhaltung ein. Hier ist der Startpunkt: Betrachte dein ganzes Leben aus Zazen heraus; mach dich auf den Weg, Klarheit über dein Leben zu gewinnen.

Ein Normalbürger, der sich in einen Heiligen verwandelt, ist nur ein karmisches Fabrikat. Die Kunst des Zazen liegt darin, einfach zu sitzen, ohne sich mit irgendetwas anderem abzugeben. Der Wert des einfachen Sitzens liegt in seiner Transparenz und Geschmacklosigkeit.

Zazen fällt nicht auf. Die Menschen wollen ständig auffallen, deshalb können sie mit Zazen nichts anfangen. Was die Menschen als „Buddhalehre" ansehen, hat mit der Buddhalehre in Wirklichkeit nichts zu tun.

Es gibt kein einziges Ding, das nicht Ausdruck der wahren Lehre wäre. Daran sehen wir, wie transparent die wahre Lehre ist. Das Problem: Die Menschen wollen keine Transparenz, sie wollen alles bunt gemustert.

„Ein langer Tag
In Ruhe sitzt
Ein alter Heiliger"

Wenn ich diese Verse von Masaoka Shiki lese, habe ich das Gefühl, dass sich mein Blutandrang beruhigt. In die Praxis umgesetzt bedeutet das: Zazen.

Das Unergründliche bedeutet: Kein Gewinn. Und in Umgangssprache: Zazen bringt nichts!

Was für ein Leben könnte sorgenloser sein als das, in dem es nichts zu gewinnen gibt? Dass Zazen nichts bringt liegt daran, dass wir einfach sitzen, ohne irgendeine Absicht. Bis heute habe ich mein ganzes Leben so gelebt: Ohne Absicht auf irgendeinen Gewinn.

Jemand fragte einmal einen, der Buddhas Namen anrief: „Hat es dir irgendetwas gebracht, Buddha anzurufen?" Die Antwort war: „Nein, überhaupt nichts." Mit meinem Zazen ist es genauso: Alles strengt sich an, durch Zazen zur Erleuchtung zu gelangen, aber ich bin nun siebzig Jahre alt, und Zazen hat mir noch nicht das Geringste gebracht.

Der Buddhaweg macht mit allem auf einmal Schluss, einschließlich der Illusion, einschließlich der Erleuchtung.

Was hat es gebracht, dass du geboren wurdest? Du tust so, als wärst du etwas ganz Besonderes, doch was ist schon dabei? Überhaupt nichts ist gut für irgendetwas. Deshalb sagen wir: „Es gibt nichts zu greifen", „kein Gewinn".

„Kein Gewinn." Was könnte schöner an einem Menschen sein?

17. Geehrtes Publikum! Sehen Sie sich diesen lauteren Mönch an!

Es gibt Leute, die behaupten: „Sawaki Roshi ist keiner von diesen degenerierten Priestern, die ihren eigenen Tempel haben!" Wie subtil wir sein können, wenn es darum geht, uns und anderen etwas vorzumachen. Immer dann, wenn wir etwas Besonderes finden, das wir bewundern und bestaunen können, beschmutzen wir damit nur den Dharma.

Wer hat diese guten Werke vollbracht? Du? Wenn „du" es warst, ist nichts dabei!

Wenn du aufhörst, dich zur Schau zu stellen, dann wird dein Leben über unbegrenzte Weite verfügen. Seit ich diese Professur an der Komazawa-Universität angenommen habe, bekomme ich ein Monatsgehalt für Zazen ausgezahlt. Seltsam, wenn man anfängt, mit etwas Geschäfte zu machen, das man eigentlich für sich alleine, ganz versteckt, praktizieren sollte. Es bedeutet, dass meine Praxis noch unreif ist!

Ryokan verfügte weder über Geld noch über Rang und Namen. Warum machte ihn das so besonders? Weil er sich nicht in Menschlichkeiten verfing. Und weil er selbst der Letzte gewesen wäre, der sich für etwas Besonderes gehalten hätte.

Wenn Leute anfangen zu sagen, dass du etwas ganz Besonderes seist, bist du kein echter Mönch mehr, du stellst dich bloß als solcher zur Schau. Wenn die Leute auf dich aufmerksam werden, stimmt etwas mit deiner Praxis nicht.

Die Teetassen im alten koreanischen Stil *[Ido-chawan]* tun weder besonders vornehm noch geben sie sich demütig. Da ist nichts Gekünsteltes, keine Verzierungen, nicht der geringste Ehrgeiz zu erkennen; ihr Töpfer hat das alles vollkommen vergessen. Dieses Vergessen ist genau das, um was es bei der Teezeremonie gehen muss.

Das Zeichen wirklicher Güte ist, dass sie keine Grenze kennt. Güte muss immer um den Spielraum verfügen, noch mehr von sich zu geben. Dabei darf sie sich nicht im Geringsten bewusst sein, dass sie „gütig" ist. Frei von Begriffen und Gedanken zu leben bedeutet, dass du einfach tust, was du tust, ohne dir groß dessen bewusst zu sein.

Die japanische Gartenarchitektur ist sehr subtil. Die Meister treiben diese Kunst so weit, dass sie gestalten, weiter gestalten, bis an den Punkt gestalten, an dem es endlich so aussieht, als wäre alles von selbst so gewachsen. Dies gilt als das Ultimum feinster Gartenarchitektur. Die Frage ist dann bloß: Warum nicht gleich die freie Natur genießen?

Ein „seltsamer" Mensch, der sich selbst für seltsam hält, ist nicht wirklich seltsam: Er verkauft sich nur als „seltsam". Nur ein seltsamer Mensch, der sich absolut nicht für seltsam hält, ist wirklich seltsam.

Jemand, der sich selbst für einen Zenmeister hält und auch von anderen so behandelt werden möchte, ist nur ein Kindskopf. Ein wirklicher Zenmeister macht sich überhaupt keine Gedanken darüber, ob er nun ein Zenmeister ist oder nicht.

Es gibt Mönche, die halten die Gebote nur deshalb so strikt ein, weil sie von den anderen dafür bewundert werden wollen. Mir kommt das so vor wie die Tricks der Taschenspieler im Zirkus, am liebsten würde ich sagen: „Geehrtes Publikum! Sehen Sie sich diesen lauteren Mönch an!"

Genauso wie das Leben ist auch der Buddhadharma nur ein Traum innerhalb eines Traums. Du kannst mit diesem Traum nicht angeben. Das wäre so wie mit dem Meister des Schweigens, der behauptete: „Alle Welt redet ständig von sich selbst, nur ich bewahre das Schweigen!"

„Lautlos und elegant – der Flug der Nachtigall." Ohne für sich selbst Reklame zu machen, einfach stumm seinen Weg zu gehen, so wie die Nachtigall, die lautlos davonfliegt: Dafür ist es notwendig, dass du in deinem Innersten über Religion verfügst. Denn dieser Weg ist der Weg der Erleuchtung.

Einem jungen Mönch, der offensichtlich mit großem Ehrgeiz den Buddhaweg praktizierte, habe ich gesagt: „Pass besser auf, dass dir nicht die Puste ausgeht!" Denn bei der Praxis des Weges geht es nicht darum, etwas zu erreichen. Deine tägliche Praxis muss Ausdruck von Ziellosigkeit, Hingabe und Loslassen sein.

Der Haiku-Dichter Buson, der sein Leben lang nach nichts Besonderem strebte, erscheint uns gerade deshalb so erhaben und rein.

Lebe dein Leben, in dem du einfach der Stimme des Dharma folgst. Auf diese Weise wird dein Leben selbst zu Religion. Religion darf kein Ideal sein, kein intellektuelles Verstehen. Es geht darum, diesen Körper, diese Masse von Fleisch und Blut, diese Unmenge von Zellen, dieses Nest von Bakterien, der wahren Lehre gemäß in Bewegung zu setzen. Wenn die Tätigkeit dieses Körpers eins ist mit der Bewegung des wahren Dharma, dann nennt man das, was dieser Körper tut: Praxis.

Wenn von Praxis die Rede ist, glauben die Leute, es gehe darum, sich unter Wasserfälle zu stellen oder Zazen zu üben. Das ist nicht der Fall: Praxis bedeutet, dass du dein Leben von Buddha gezogen lebst.

Die Leute meinen, dass Zen-Praxis eine sehr schwierige Sache sei. Dabei bedeutet Praxis nicht mehr als unser tägliches Leben zu leben. Unsere Lebenseinstellung ist Praxis. Dogen Zenji nennt das *Gyobutsu* [Buddha-Praxis]. Auf der Basis von Zazen alle Aspekte des täglichen Lebens mit diesem Körper auszuüben bedeutet, den Buddhaweg zu praktizieren.

Getrennt vom täglichen Leben ist der Buddhismus eine tote Sache. Alle Aspekte deines Lebens müssen der Buddhaweg sein.

Mein Glaube ist ein Glaube an Zazen, an das Sitzen. „Dein Verhalten ist der Buddhadharma, die Essenz drückt sich in der Weise aus, wie du die Dinge tust." Nur mit dieser Praxis treffen wir auf den lebendigen Buddha. Ohne Praxis kann es auch keinen Buddha geben. Den wahren Buddha manifestieren wir selbst durch unsere Lebenseinstellung.

Wenn du nicht aufpasst, wird die Buddhalehre noch zu einem Ideal für dich werden. Das wäre ganz verkehrt. Die Buddhalehre ist eine Einstellung. Deshalb heißt es: „Dein Verhalten ist der Buddhadharma, die Essenz drückt sich in der Weise aus, wie du die Dinge tust.“ Sei nicht so dumm zu glauben, das bedeute, dass man den Verhaltensregeln wie ein Roboter folgen müsse. In Zazen darfst du keinem dieser Extreme verfallen. Beginne mit der Praxis deines Körpers, indem du deine Wellenlänge der von Buddhas und Patriarchen anpasst und dich offen hältst für alles und jedes Ding.

Mir kommt es so vor, als ob heutzutage viele „Freiheit“ damit verwechseln, einfach zu tun, was sie wollen. Die modernen Menschen scheinen unter dieser chronischen Krankheit zu leiden, nur das tun zu wollen, was ihnen gerade Spaß macht. Alle Aspekte unseres täglichen Lebens müssen aber auf ein klares Ziel ausgerichtet sein. Wir müssen so genau zielen wie ein Scharfschütze, beim Essen genauso wie auf dem Klo.

Solange du den wahren Dharma nicht praktizierst, kann auch keine Rede von der Tatsache sein, dass „der Weg nicht schwer zu erlangen“ ist *(Shinjinmei)*. Dass der Weg nicht schwer zu erlangen ist, bedeutet einfach, genau so zu praktizieren, wie es alle Buddhas und Patriarchen vorgemacht haben.

Den wahren Dharma mit dem Rohmaterial deines eigenen Lebens zu manifestieren ist das, was Praxis des Buddhaweges genannt wird. Zazen ist die Manifestation des Tathagata in deinem eigenen Leben.

Wir müssen unser Bestes tun, in unserem täglichen Leben der Buddhalehre so nahe zu kommen wie möglich. Wir müssen immer weiter am Buddhanetz ziehen, in diesem wie im nächsten Leben, in dieser wie in der nächsten Welt. Das ist unsere Praxis.

Dogen Zenji spricht nirgends von der „Zen-Schule“, er spricht lediglich vom Buddhadharma. Warum? Weil es in unserer Schule nicht nur um Zen geht. Wenn wir essen, sind wir die Ess-Schule, auf dem Klo folgen wir der Klo-Schule, und wenn wir niesen tun wir es gemäß der Nies-Schule.

Buddha zu sein bedeutet, ganz du selbst zu sein – hier und jetzt. Ganz in diesem Moment zu sein. Ganz eins zu sein mit dem, was du tust. An diesem Ort ganz eins zu sein mit allen Aspekten deines täglichen Lebens.

Eins sein mit dem täglichen Leben ist das, was die buddhistischen Gebote in konkreten Paragraphen ausdrücken. In ihnen manifestiert sich deine Buddhanatur.

Praxis bedeutet nicht, dass du dein Handwerk erlernst wie ein Lehrling. Sie bedeutet, dass du die vierundzwanzig Stunden deines täglichen Lebens mit Buddhanatur erfüllst.

Mühe dich nicht ab, den Weg in der Ferne zu suchen. Praxis bezieht sich auf alle Aspekte deines täglichen Lebens. Schlafen ist Praxis, Aufstehen ist Praxis. Da darf es nichts geben, was keine Praxis wäre. Von morgens bis abends bist du kein Haarbreit entfernt von Buddha. Dies bedeutet, den Buddhaweg zu gehen.

Deine Praxis selbst ist Satori, deine Form ist der Geist, deine Einstellung ist der Weg. Dein Verhalten ist der Buddhadharma bedeutet, dass sich deine Einstellung und Haltung in allen Aspekten deines Lebens ausdrückt.

Das Leben ist ein einziger Ehekrach. Und wir hoffen vergeblich darauf, dass jemand kommt und den Streit für uns schlichtet. Die Instanz, die allein vermag, den Streit zu schlichten, müssen wir in uns selbst tragen. Das ist es, was ich Glauben nenne. Diese innere Kraft empfängst du von deiner Religion, dem Buddhismus. Das muss so sein, als ob der Avalokiteshvara Bodhisattva in deinem Herzen wohnte und dir täglich seinen Besuch abstattete. Du musst diese Beziehung so weit entwickeln, dass Avalokiteshvara an jedem Ort und in jedem Augenblick zum Vorschein kommt, dann wirst du dich nicht nur von deinem eigenen Leiden befreien, sondern auch all das Leiden um dich herum auflösen.

Wenn du den Namen Buddhas anrufst, müssen alle deine Handlungen aus diesem Anrufen selbst hervorkommen.

Wie erbaulich die Buddhalehre auch sein mag, die du hörst, wie großartig das Satori auch sein mag, das du erfährst – wenn dieses Satori nur wie eine Glocke hoch oben unter dem Dach hängt, ohne dass du am Seil der Übung ziehst, wird dein Leben nach wie vor voller Unzufriedenheit sein. Deine Praxis muss wie das Läuten dieser Glocke sein!

Du musst dein tägliches Leben mit den klaren Augen Avalokiteshvaras betrachten, umgestalten, und diese Klarheit in der täglichen Praxis selbst verwirklichen: Verliere dich selbst nicht aus den Augen!

Es reicht nicht, nur von deinem hohen Standpunkt aus auf die Welt herabzublicken. Sobald du erkannt hast, in welche Richtung dein Weg führt, musst du mit festem Schritt voranschreiten. Wenn du deinen Weg kennst, wirst du dich nicht verirren, wohin du auch gehst. Du wirst nichts zu fürchten haben, was auch immer du tust.

Zazen muss seine Aktivität in deinem Leben entfalten. Du musst die Aktivität von Zazen in deinem ganzen Leben spüren. Dieses Leben ist in seiner Frische selbst Zazen.

Wenn du die Lehre in ihrer Höhe vernimmst, muss deine Praxis umso tiefer gehen. Deine Übung muss in jedem einzelnen Augenblick gegenwärtig sein.

Das Königs-*Samadhi* bedeutet, dass du Ordnung in deinem Leben schaffst. Es ist der Geist, der dein Leben ordnet. Ich rede oft vom wahren Selbst oder davon, dass wir mit dem Universum verbunden sind; letztendlich geht es darum, unser Leben ganz zu leben. Dafür müssen wir dieses Leben erst einmal gründlich durchsieben und dafür sorgen, dass alles richtig zusammenpasst: Tu, was du tun musst, und lass sein, was du sein lassen musst.

Wer Zazen praktiziert, dessen Praxis muss sich auch beim Pinkeln, beim Essen und im Klang der Holzsandalen oder der Schuhe manifestieren. Dass wir ein Sutra rezitieren, bevor wir ins Bad steigen, liegt daran, dass Zazen selbst ein Bad nimmt.

Du darfst dein Satori nicht luftdicht verpacken. Wenn du mit dieser einen Sache, an der überhaupt nicht zu rütteln ist, einmal in Berührung gekommen bist, musst du dein ganzes Leben auf sie gründen. Wenn du Tee trinkst, trinkst du Tee, wenn du isst, dann isst du. Egal ob du schläfst oder aufstehst oder umfällst, dein ganzes Leben muss von dieser hellen Klarheit erfüllt sein.

Jeden Tag musst du ganz von neuem aus dir herausgehen, du musst dein Leben leben, indem du alles von dir gibst. Auch ein Novize muss sein Bestes tun, um wirklich ein ganzer Novize zu sein. Beim Zazen bedeutet, alles von dir zu geben, dass du eins wirst mit Zazen. Beim Tee wirst du eins mit dem Tee, beim Essen eins mit dem Essen. Bei der Arbeit gibst du alles von dir an die Arbeit, und wenn du schläfst, dann schläfst du wie ein Murmeltier.

Der Buddhaweg liegt immer genau unter deinen Füssen. Wenn du pinkelst, ist es die Art und Weise, wie du pinkelst. Beim Niesen das Niesen. Oder der Klang deiner Schritte. Das ganze Universum ist erfüllt vom Buddhaweg.

Mach keine halben Sachen: Du musst dich und dein Leben von einem Standpunkt aus betrachten, der vor der Geburt deiner Eltern liegt. Wie willst du dein Leben eigentlich leben? Den ersten Schritt musst du von dem Punkt aus unternehmen, der vor der Geburt deiner Eltern liegt.

„Selbst wenn du die Lehren der Vergangenheit hörst und wiederholst – welche Bedeutung haben sie, wenn du sie nicht praktizierst?“ (Shimazu Jisshin). Auf der Spitze des Mastes angelangt noch einen Schritt weiterzugehen – das tut weh. Hier hört der Buddhaweg auf, nur ein Wort zu sein; er ist deine konkrete Praxis. Praxis bedeutet, den Buddhaweg in die Tat umzusetzen.

Hör auf zu träumen: Es gibt da keinen Buddha nach dir, keinen Normalbürger vor dir, keine Illusion, kein Satori. Lass dich einfach von der Lehre Buddhas vorwärtsziehen. Dies bedeutet „Undenken“ *[hishiryo]*. Geh einfach geradeaus.

Du darfst den Buddhaweg nicht zu einem Mittel zum Zweck in deinem Leben machen. Es ist wichtig, dass dein ganzes Leben vom Buddhaweg aus gezogen wird.

Da gab es einmal einen, der sich sein ganzes Leben darüber beklagte, dass alle seine Freunde es zu Ministern und Gouverneuren gebracht hatten, während er selbst sich als einfacher Wachtmeister seine Brötchen verdienen musste ... Was ist da schon dabei? Ein Minister lebt sein Leben als Minister, ein Wachtmeister lebt als Wachtmeister. In DEINEM Leben muss es dir um Wichtigeres als das gehen.

Ich drücke den Buddhismus gerne mit einem einzigen Befehl aus: „Feuerpause!" Da stehen sich keine zwei Seiten mehr gegenüber, da gibt es niemanden, mit dem wir uns noch um die Wette recken müssten.

Wir müssen unser Leben auf eine Weise leben, die der Lehre Buddhas so gerecht wird wie möglich. Wenn wir nur auf unsere menschlichen Gedanken bauen, werden wir uns ständig mit den anderen Menschen um die Wette recken.

Um zu erkennen, dass die Buddhanatur uns ganz erfüllt, müssen wir erst mal die Vergänglichkeit erkennen. Die Vergänglichkeit zu erkennen bedeutet, unserem Leben einen Sinn zu verleihen.

Wenn du die Vergänglichkeit erkennst, wirst du verstehen, dass es besser ist, dich für andere zu opfern, als für dich selbst zu leben. Es ist dieser Geist, der sich für andere opfert, der die Vergänglichkeit erkennt.

Wir kommen irgendwie gar nicht drum herum, etwas für die anderen zu tun: Spürst du denn nicht, dass du dich besser fühlst, wenn du gibst, als wenn du nimmst?

Je mehr du für die anderen tust, desto mehr gewinnst du für dein Leben. Je mehr du für dich selbst tust, desto mehr verlierst du dein Leben aus dem Griff.

Wenn wir versuchen, die Natur mit unserer Zivilisation und Wissenschaft zu beherrschen, dann wird diese Natur irgendwann zurückschlagen. Können wir nicht oft beobachten, dass einer, der nur an sich selbst denkt, erleben muss, wie seine Umgebung auf ihn zurückschlägt und ihm alles nimmt? Zum Beispiel gibt es Leute, die setzen ihr ganzes Leben daran, Geld zu verdienen, aber wenn sie sich dann endlich auf ihrem Reichtum ausruhen wollen, schmeißen ihre Kinder sie aus dem Haus. Umgekehrt wird einer, der sich sein ganzes Leben lang für die anderen einsetzt, erfahren, dass auch das auf ihn zurückschlägt: Die anderen werden sich ebenso für ihn einsetzen.

Egal, in welche Richtung du das Wasser in der Badeanstalt bewegst, der Wasserspiegel wird sich wieder ausgleichen. Wenn du versuchst, das Wasser zu dir hinzuraffen, wird es fortfließen von dir. Wenn du dagegen das Wasser fortschiebst zu den anderen, dann kommt es wieder zurück zu dir. Was du für die anderen tust, tust du deshalb auch für dich selbst, und was du für dich selbst tust, das tust du für die anderen. Da gibt es keine Naht zwischen dir und den anderen, alles ist grenzenlos miteinander verbunden. Sich mit diesem Geist für die anderen zu opfern bedeutet, den Geist eines Bodhisattva zu haben.

Der größte Gewinn, den du für dich selbst erreichen kannst, besteht darin, dir das ganze Universum zu eigen zu machen. An diesem Punkt angelangt, wird dir alles als ein Teil deiner selbst begegnen, und was auch immer du für dich selbst tust, das tust du auch für die anderen. Das bedeutet, dass der größte Eigengewinn zugleich auch der größte Gewinn für die anderen ist. Wenn du umgekehrt dein Leben ganz für die anderen lebst, ohne auch nur ein bisschen an dich selbst zu denken, dann kommst du wiederum an dem Punkt größten Eigengewinnes heraus. Dein Geist wird Frieden finden, und nichts wird dir fehlen in deinem Leben.

Bodhi-Geist bedeutet nicht: „Ich allein". Er bedeutet: „Ich zusammen mit allen leidenden Wesen".

Wenn du ein einziges glühendes Kohlestück in die kalte Asche legst, wird es verlöschen. Wenn aber mehrere Kohlestücke zusammenkommen, dann werden sie ein Feuer entfachen. So hilfst du mir, und ich helfe dir.

[Über Beziehungen zwischen Männern und Frauen:] Das ist ein wichtiges Problem! Wenn du eine Frau findest, bei der du sicher sein kannst, dass ihr euch gegenseitig auf eurem spirituellen Weg weiterhelfen könnt, dann spricht nichts dagegen, eine Beziehung aufzubauen und zu heiraten. Aber wie gesagt, das muss eine Beziehung sein, die beiden von euch ermöglicht, euch weiterzuentwickeln.

Uns kommt es manchmal so vor, als ob es einen Verlust für uns darstellt, den anderen etwas abzugeben. Dabei stellt es in Wirklichkeit das größte Glück für einen Menschen dar, wenn er sich für einen anderen einsetzen kann.

Bis heute glaubte ich, dass die Welt für mich da ist, von heute an will ich mein Leben opfern für die Welt: Es geht um diese Kehrtwende.

Wenn du an dem Ort, an dem du dich jetzt befindest, alles von dir gibst, dann gibt es da nichts mehr von dir. Wenn du dich an diese Praxis ganz hingibst, dann wirst du auch erkennen, dass es umgekehrt keinen Ort gibt, an dem du nicht bist.

Wenn dein Geist so offen und weit wie Himmel und Erde zusammen ist, dann wirst du überall dich selbst erkennen – und überall ganz selbstlos sein.

„Wirf doch einfach einmal dein kleines Selbst fort. Du wirst sehen, dass dein Leib so groß ist wie die dreitausend Welten des großen Kosmos!" (Muso Kokushi). Wenn du das einmal verstanden hast, wirst du beim Pinkeln auf dem Klo auch an den denken, der nach dir saubermachen muss. Wenn du badest, denkst du an die, die nach dir in dieselbe Wanne steigen. Wer gibt, versetzt sich an die Stelle dessen, der nimmt, und der, der nimmt, versetzt sich an die Stelle dessen, der gibt. Das bedeutet es, wenn von der Welt des strahlenden Leuchtens in alle Richtungen die Rede ist. Du findest dich selbst überall in dieser Welt, denn Himmel und Erde sind dein wahres Selbst.

Konkret gesprochen: Wir müssen so viel verlieren wie wir können. Du darfst keinen Erfolg haben. Am besten ist es, wenn du dich ganz versteckt für die anderen aufopferst.

Ich sage oft, dass Satori bedeutet, zu verlieren. Zu gewinnen bedeutet, in die Irre zu gehen. Wer beim Geldspiel Erfolg hat oder beim Lotto gewinnt, wird sich in der Illusion verlieren. Warum wollen die Menschen eigentlich alle gewinnen und Erfolg haben? Wenn die Welt endlich verstünde, dass das gar nicht notwendig ist, hätten wir Frieden auf Erden.

Die Buddhalehre bedeutet, dass sich Buddha für die leidenden Wesen opfert. Sieh dir nur Shakyamuni an: Als Prinz geboren, verzichtete er doch auf den Thron und wurde zum Bettler. Das gleiche gilt für Bodhidharma, auch er wurde vom Prinz zum Bettler. Nur da, wo du dich opferst und verlierst, wirst du die Buddhalehre finden. Da, wo es etwas zu gewinnen gibt, gibt es keinen Dharma.

Der Grund, weshalb wir uns ständig zanken, ist unsere Illusion. Wir tragen alle irgendwo einen Widerspruch in uns herum, den wir nicht aufzulösen vermögen. Der geringste Anlass kann diesen Widerspruch in uns zum Explodieren bringen. Letztlich bedeutet das, dass wir unser Leben nicht verstehen.

Mit dreizehn, vierzehn Jahren fing ich an, mich in meinem eigenen Leiden zu winden, und mit sechzehn hatte dieses Leiden seinen Höhepunkt erreicht: Wie soll ich leben!? Soll ich diesen Leib des Leidens von mir werfen? Nein, das geht nicht. Mir blieb nichts anderes übrig, als mit diesem Leib der Sünde meinen Weg zu gehen. Dieser Leib hätte auch zu einem Banditen werden können, der selbst seinen Bruder mit dem Dolch ersticht. Stattdessen entschied ich mich dafür, ihn dem Zazen zu widmen. Das ist keine kleine Sache. Nicht nur für mich bedeutet das einen großen Gewinn, sondern auch für alle um mich herum.

Am Mensch-Sein verzweifeln, mit dem Mensch-Sein Schluss machen, zum Buddha werden: So einfach ist das nicht. Du musst es als der Mensch praktizieren, der du bist. Es geht nicht darum, aus dem Kreislauf von Leben und Tod auszubrechen. Dieses Leben und dieser Tod sind die Bühne für deine Praxis.

Glaube aber nicht, dass du innerhalb von Leben und Tod praktizierst. Deine Praxis selbst ist dein Leben-und-Tod. Befreiung besteht in der Akzeptanz dieses Leben-und-Tods, so wie es ist. In diesem Leben-und-Tod, in dieser Welt der Illusion herumzuirren, ist deine Praxis. Alles, was dazu gehört, ist Teil der Praxis, deshalb gehört das Essen genauso dazu wie das Geldzählen.

Alles ist Wahrheit. Im gesamten Universum gibt es nichts, das nicht die Wahrheit wäre. Alles predigt diese Wahrheit, die Blumen, die Menschen, der Mond, das Wasser. Nur weil du die Welt betrachtest, ohne deine Wellenlänge einzustellen, kommt dir alles vor wie ein einziges Tal des Leidens.

Beim Buddhadharma geht es nicht darum, etwas außerhalb von dir zu erkennen. Es geht darum, dich selbst zu erkennen. Wenn du einmal in Ruhe über dich selbst nachdenkst, wirst du feststellen, dass es da keine Substanz zu greifen gibt. In diesem Leben gibt es solche Augenblicke, in denen dein Geist eins ist mit Buddha, und andere, in denen er eins ist mit den hungrigen Geistern, und wieder andere, in denen er sich über sein Leiden beklagt. Deshalb ist es wichtig, deine Wellenlänge genau auf Buddha einzustellen. Du musst den Geist, der eins mit Buddha ist, polieren, bis er blinkt.

Menschen glauben, dass es einige unter ihnen gibt, die die „Schlechten" sind – ein großer Irrtum. Wer schlecht ist, ist nicht ausgemacht: Eine Bewegung der Hand kann dich zum Dieb machen, oder aber auch zum Engel. Das geht ganz schnell.

Ob es nach oben oder unten geht, hängt davon ab, wie du mit deinem Schalthebel umgehst: Du kannst den Hebel auf Buddhas und Patriarchen einstellen, du kannst ihn aber auch auf die Hölle einstellen, indem du jemanden tötest. Oder du lässt dich einfach von deinen Trieben treiben, dann hasst du den Hebel auf die hungrigen Geister eingestellt.

Deine ewige Buddhanatur hat irgendwo den falschen Weg eingeschlagen, und plötzlich merkst du, dass dir etwas fehlt: Du bist auf den Weg der hungrigen Geister geraten.

Du willst Geld verdienen, du willst schlemmen, du willst Karriere machen: Das bedeutet, vom Weg abzukommen. Beim Zen geht es darum, zurückzukehren zu deinem eigentlichen Weg. Besinne dich auf deine eigene Natur! Von diesem Standpunkt aus wirst du erkennen, dass du nicht aus eigener Kraft geboren wurdest, noch atmest du aus eigener Kraft, und du bist es auch nicht, der dein Herz zum Schlagen bringt. „Ich mach einfach, was mir Spaß macht“ – red keinen Unsinn, die alten Weisen lehren uns, dass das Universum nicht getrennt ist von uns selbst!

Deine tägliche Praxis muss darin bestehen, deine Lebenseinstellung an der Einstellung Buddhas zu orientieren. Wenn deine Orientierung an Buddha wirklich stimmt, dann wirst du selbst Buddha sein.

Wenn du die Lehre Buddhas akzeptierst und dich mit deinem ganzen Körper von Buddhas und Patriarchen voranziehen lässt, dann wirst du selbst zu einem Buddhapatriarchen, so wie du bist.

Du widmest dich eifrig deinem Studium, weil du ein klares Ziel vor Augen hast. Außerdem motiviert es dich, wenn andere deinen Erfolg sehen. Aber sobald du dein Ziel erreicht hast, überkommt dich wieder die Schwermut: Irgendetwas fehlt da doch noch. Deinem wirklichen Selbst wirst du erst dann begegnen, wenn du aus diesem stinkenden Fleischsack ausbrichst und eins wirst mit dem Universum. Dafür musst du dich erst mal fest auf deinen Arsch setzen. Wenn du dann endlich erkennst, dass du eins bist mit dem Universum, und dein tägliches Leben aus dieser konkreten Erfahrung heraus lebst, dann spürst du Freude, dann fühlst du dein Glück.

Ihr lasst euch alle von diesen Säcken aus Fleisch an der Nase herumführen. In Wirklichkeit sind diese Säcke nicht getrennt, sondern durchdringen frei das ganze Universum. Worum es uns gehen muss ist nun die Frage, wie wir dieses kosmische Leben in den Alltag umsetzen können.

Den Geist des Glaubens zu haben bedeutet, den gleichen Namen und das gleiche Alter wie Buddha zu haben, das gleiche Essen zu essen, die gleichen Fürze zu furzen, das gleiche Leben zu leben. Zazen und die tiefe Verbeugung in *Gassho* sind das, was uns nahtlos mit Buddha verbindet.

Dieser Menschenkörper ist zu schade, um ihn einfach nur als Menschenkörper zu verwenden. Was für eine Verschwendung, wenn du mit fünfzig oder achtzig oder hundert Jahren stirbst! Uns muss es auf dem Buddhaweg darum gehen, das ewige Leben eines Buddhas zu leben.

Dein Körper und deine Kraft sind begrenzt. Beim Buddhaweg geht es darum, über deine Grenzen hinauszugehen und dich dem Grenzenlosen hinzugeben.

Den Buddhaweg zu praktizieren bedeutet, diesen Leib nicht nur in seiner Begrenztheit zu verwenden, dieses Leben nicht nur in seiner Begrenztheit zu leben. Uns geht es um die Ewigkeit, nicht bloß um ein gesundes Leben für die Dauer von achtzig Jahren.

„Wie als Mensch leben?" Du hast keine Ahnung, deine Frau hat keine Ahnung, deine Kinder haben keine Ahnung. Die Welt ist voller Menschen, die nicht die geringste Ahnung haben, wie sie leben sollen.

„Du hast nicht genug, um zu leben? Dann stirb doch einfach!" Als ich das einmal einem sagte, machte der ein ganz erschrecktes Gesicht. Lebst du, um zu arbeiten, oder arbeitest du, um zu leben? Die meisten Menschen scheinen ihr ganzes Leben damit zu verbringen, sich um die täglichen Brötchen Sorgen zu machen. Auf diese Weise lebst du dein Leben in der Defensive, du kämpfst eine verlorene Schlacht. Wenn du lebst, lebe für eine Aufgabe, und für diese Aufgabe solltest du auch essen.

Als Mensch solltest du dir einmal Gedanken darüber machen, wofür du dein Leben eigentlich lebst. Warum lebst du? Bist du dir klar über den Sinn dieses Lebens, und freust du dich darüber, als Mensch zur Welt gekommen zu sein?

Wir leben unser Leben so wie spielende Kinder im Wald: Suchen, fangen und gefangen werden. Wir verstricken uns tiefer und tiefer im Unterholz auf unserer Suche, doch bevor wir im Tumult irgendetwas zu fassen bekommen, finden wir uns im Sarg wieder.

Du unterscheidest zwischen dem, was du magst, und dem, was du nicht magst. Was du magst, dem läufst du hinterher. Was du nicht magst, dem läufst du davon. Deine Illusion ist wie ein Versteckspiel. Gelassen und unerschrocken zu leben bedeutet, mit diesem Versteckspiel aufzuhören. Selbst inmitten des Leidens darfst du nicht auf etwas Besseres hoffen. Versuche nicht das Leiden zu verringern, ihm davonzulaufen oder etwas anderem hinterherzulaufen. Das bedeutet wahre Gelassenheit.

Wer ständig neue Delikatessen verspeisen möchte, dem geht es schlecht, wenn ihm die Delikatessen ausgehen. Wer das Leben immer genießen will, dem wird dieser Genuss einmal verdorben werden. Glück findet, wer – arm geboren – durch eine harte Schule geht. Er versteht, dass eine Not nicht unbedingt eine Not und eine Freude nicht unbedingt eine Freude ist. Nur der Normalbürger macht ein großes Theater um nichts. Ständig dreht er sich im Kreis, läuft dem nach, was er mag, läuft vor dem davon, was er nicht mag. Das größte Glück bedeutet, sich einfach auf das einzulassen, was kommt.

[Im Krankenbett:] Ich bin nicht wirklich krank. Meine Beine bewegen sich bloß nicht mehr. Aber was bedeutet das schon?

Es ist nicht nötig, dein ganzes Leben lang nach der „Ruhe des Geistes“ zu suchen, so als ob du nach einem Loch suchst, um dich darin zu verstecken. Wenn dein tägliches Leben daraus besteht, dir Sorgen zu machen, dann findest du die Ruhe des Geistes innerhalb dieser Sorgen.

Zu versuchen, ein persönliches Satori, ganz für dich selbst, zu bekommen, ist ein großer Fehler. Selbst dein Körper gehört nicht dir allein. Du lebst nicht getrennt von irgendetwas. Satori muss die eine Wurzel sein, die du mit Himmel und Erde teilst, Satori ist der eine Leib, den du mit den zehntausend Dingen gemeinsam besitzt. Deshalb ist all das, was du individuell und persönlich besitzt, eine wertlose Illusion, so viel du auch davon halten magst.

Wenn es regnet, regnet es. Wenn der Wind weht, weht der Wind. Wer weiß schon, ob das gut oder schlecht ist? Du fluchst vor dich hin. Na und? Dein Ausgangspunkt muss dieses „Na und?“ sein.

Wir strampeln uns ab, auf der Suche nach irgendetwas, in einer Welt, in der es nichts zu finden gibt ...

Wir zappeln vor uns hin, und wir nennen dieses Zappeln unsere „Emotionen“. Hör auf zu zappeln, und du hast Ruhe. Nur weil du nicht aufhörst zu zappeln, findest du keine Ruhe.

Die Welt der Unterscheidungen ist eine einzige Fata Morgana. Wir leben in dieser Welt so wie einer, der ein großes Theater in seinem Traum veranstaltet, ohne zu merken, dass er nur träumt.

Für den Normalbürger gibt es überhaupt keine Wirklichkeit. Inmitten der Wirklichkeit aller Dinge sieht er nur Halluzinationen.

In der Welt gibt es weder Glück noch Unglück. Es ist so, als ob du dich im Traum verliebst oder von deiner Geliebten trennst – wenn du aufwachst, ist nichts dabei. Eine Einbildung.

Warum erscheinen die zehntausend Phänomene in der Welt auf genau diese Weise? Wenn du nach dem Grund fragst, wirst du feststellen, dass es nicht den geringsten Grund gibt. Welchen Sinn hat es, dass jeder Einzelne von uns so ist, wie er ist? Überhaupt keinen! Alles ist so, wie es ist – ohne Sinn und Zweck.

Das Leben ist die Melodie des Ungeborenen. Es hat keinen „Sinn". Sag nicht, dass es „süß" oder „sauer", „schön" oder „mühsam" ist. Wie klingt diese Melodie? *La la li la, li la la.* Es ist nichts dabei.

„*Mu*" bedeutet nicht „nichts". Es bedeutet das, was wir Menschen uns nicht vorstellen können.

„Von Geburt an bis zum Tod: Nur dies, dies!" (Großmeister Sekito Kisen). Was du magst oder nicht magst, spielt keine Rolle. Die Dinge sind so, wie sie sind. Kein Raum für Präferenzen. Unkraut macht sich keine Gedanken, es wächst einfach so.

Gleich, ob du von der Hölle oder vom Himmel träumst, wenn du schläfst, dann schläfst du. Dein Traum ist nur ein Traum ...

Nachts träumst du alles Mögliche, und nicht nur jugendfrei. Wenn du am Morgen aufwachst, stellst du fest, dass nichts dabei war.

Du willst achtzig werden? Wenn dein Leben vorbei ist, ist es vorbei. So oder so!

23. Warum bist du überhaupt auf die Welt gekommen?

Als ich noch jung war, schimpfte ich mit Amitabha Buddha: „Oi, hast du nicht versprochen, nicht ins Nirwana einzugehen, solange du nicht alle leidenden Wesen erlöst hast? Hast du mich denn vergessen!?" Aber das war mein eigener Fehler: In den Augen Amitabhas sind wir bereits alle Buddhas.

Alle Lebewesen leiden. Aber in den Augen Buddhas gibt es nicht den geringsten Grund zum Leiden. Trotzdem leiden wir: Wir produzieren unser eigenes Leiden, und dann ärgern wir uns selbst darüber und fangen schließlich an zu heulen!

Es gibt kein Problem, der Weg ist einfach, ohne Schwierigkeiten. Woher kommt es nur, dass der Weg den Erwachsenen so schwierig vorkommt, während er so leicht für einen Säugling ist? Erwachsene Menschen sind schon seltsam. Warum machen sie nicht einfach die Augen auf und schauen geradeaus, anstatt sich selbst etwas vorzulügen und herumzulästern? Es gibt überhaupt keinen Grund, sich zu beklagen: Wenn es regnet, dann lass es regnen, wenn der Sturm bläst, dann lass ihn blasen.

In den Augen Buddhas gibt es nicht ein einziges verirrtes Wesen. In den Augen des Normalbürgers gibt es nichts als Illusion.

Der Normalbürger klammert sich an seine persönlichen, festen Begriffe. Er glaubt genau zu wissen, was „Glück“ oder „Satori“ ist. Aber dann weiß er nicht mehr ein noch aus: „Was ist letztendliche, absolute Wahrheit!?“ So etwas gibt es überhaupt nicht. Du musst bloß deine Scheuklappen abnehmen und dir den Schmalz aus den Ohren waschen, um zu hören und zu sehen und zu fühlen, wie die Dinge wirklich sind. „Absolute Wahrheit“ ist nichts, was du intellektuell verstehst. Du befindest dich inmitten der Wahrheit, auch ohne zu verstehen.

Ohne nach etwas zu suchen, ohne nach etwas zu greifen, ohne etwas fortzuwerfen, einfach deiner Natur gemäß zu handeln: Das ist das Geheimnis, um das es beim japanischen Schwertkampf geht.

Buddhanatur ist nichts Besonderes: Jeder hat sie von Anfang an. Denn jeder Einzelne von uns verfügt über seine eigene, wahre Gestalt.

Alles Sein ist Buddhanatur. Geistesfrieden bedeutet, zu erkennen, dass es selbst für den größten Irren absolut unmöglich ist, aus der Buddhanatur herauszupurzeln.

Alles ist ursprünglich ein Produkt der großen Natur. Deshalb können wir sagen, dass jedes einzelne Ding durch die Gnade der Natur besteht. Es ist diese Gnade der Natur, die unser wahres Wesen, unsere eigentliche Lebensweise ausmacht.

Die Berge geizen genauso wenig mit sich wie die Flüsse: Alles gibt sich gegenseitig, ohne sich des Gebens auch nur im Geringsten bewusst zu sein. Das macht die Welt so schön.

Seine Notdurft verrichten, Kleider tragen, eine Mahlzeit einnehmen, Samsara und Nirwana, die vier Jahreszeiten, das Wetter und wie es sich ändert: All das sind Manifestationen des strahlenden Lichtes Buddhas. Alle Aspekte deines täglichen Lebens sind erfüllt von diesem Licht, das in alle Richtungen strahlt und sich in allen Phänomenen ausdrückt.

Ein Buddhist macht sich keine Gedanken darüber, welche Religion besser ist als die andere. Buddhismus ist keine Religionswissenschaft – Buddhismus ist die kosmische Wirklichkeit. Diese Wirklichkeit können wir nicht zum Gegenstand philosophischer Diskussionen machen.

Solange du deine Normalbürger-Illusionen nicht aufmischst, ist alles, was du mit deinen Augen siehst, mit den Ohren hörst, mit der Nase riechst und mit der Zunge schmeckst die Wahrheit.

Was könnte es Dümmeres geben als diese drei Affen, die nicht sehen, nicht hören und nicht sprechen? Die machen sich über uns lustig! Wozu sind denn diese Ohren da, wenn nicht zum Hören? Und wozu haben wir einen Mund, wenn nicht zum Sprechen? Was bringen uns unsere Augen, wenn wir damit nicht sehen? Alles, was wir hören, sehen und sprechen, muss ein Verdienst sein.

Welche Freiheit könnte größer sein als die, mit den Augen zu sehen, mit dem Mund zu essen und mit der Nase zu atmen? An die Illusion verlieren wir uns, wenn wir diese Tatsache aus den Augen verlieren.

Wenn du den Kreislauf von Leben und Tod so akzeptierst, wie er ist, das heißt über nichts fluchst und nichts hinterher rennst, dann ist das Undenken.

Wenn sich der künstliche Nebel deiner Einbildungen endlich verzieht, dann wirst du mit einem Mal alle deine Begriffe verlieren, und an diesem Ort, ohne etwas davon- oder hinterherzulaufen, einfach du selbst sein. Und du wirst klar sehen, was du mit diesem Körper tun musst und was nicht.

Es heißt, dass dieser Körper, so wie er ist, der Körper Buddhas ist. Aber der Körper eines Normalbürgers ist trotzdem nicht mehr als ein Normalbürger. Der Körper eines Normalbürgers kann nur dann ein Buddha genannt werden, wenn der Normalbürger sich selbst vollkommen vergessen hat.

Du bist so verliebt in dich selbst, dass du eher einem Teufel ähnelst als einem Buddha. Die Buddhalehre muss mit dir spielen, als wärest du eine Marionette, so dass du dich also überhaupt nicht mehr selbst bewegen kannst. Nur dann kannst du sagen, dass dieser Körper, so wie er ist, Buddha ist.

Von Anfang an war „die große Sache eines lebenslangen Studiums an ihr Ende gelangt" *(Bendowa)*. Was fehlt denn? Deine Augen sind waagrecht, deine Nase senkrecht – was ist daran so schwer? Von Anfang an ist alles gut, so wie es ist.

Warum sind wir in diese Welt geboren worden? Um das Problem unseres Lebens zu lösen. Worin besteht die Lösung dieses Problems? Darin, dass du gemeinsam mit allen Lebewesen den Buddhaweg beschreitest. Wir müssen erkennen, dass uns von Anfang an nichts fehlt: Wir haben alle die Buddhanatur, und von dem einen Buddhaweg können wir gar nicht abkommen. Wir bummeln nur ständig am Wegrand herum, unschlüssig, in welche Richtung es eigentlich vorwärts geht.

24. Du willst Satori? Um es dir als Ring durch die Nase zu ziehen!?

Auf dem Buddhaweg musst du die Dinge von einem hohen Standpunkt aus überblicken, um in der Tiefe die Ruhe zu bewahren. Das bedeutet, dass du eins wirst mit dem kosmischen Selbst, um dann zurückzukehren und dein alltägliches Selbst ganz gelassen auszuleben.

Innerhalb des Undenkens *[hishiryo]* gibt es Beerdigungen genauso wie Hochzeiten. Es gibt den Sommer so wie den Winter. Frage dich nicht, ob der Sommer besser ist oder schlechter. Betrachte die zehntausend Unterschiede alle aus dem Undenken heraus.

Wir wissen, dass es ein „Ich" nicht gibt, trotzdem tut es weh, wenn wir hinfallen: Woher kommt dieser Schmerz? Es ist nicht das „Ich", dem der Schmerz gehört. Das ganze Universum ist eins mit diesem Schmerz, und das ist alles.

Wenn du dem Lauf der Dinge folgst, dann folgen Himmel und Erde dem Lauf der Dinge. Wenn du gegen den Strom schwimmst, kehren sich auch Himmel und Erde gegen die Strömung. Es gibt keinen Grund in deinem Leben, irgendetwas hinterher- oder davonzulaufen. Deshalb sage ich: Stell das Feuer ein! Solange du nur alles von dir gibst, spielt es nicht die geringste Rolle, ob du dem Lauf der Dinge folgst oder gegen die Strömung schwimmst.

Was auch immer du dir in den Kopf gesetzt hast: Dies ist falsch, und das ist auch falsch. Alles, was du denkst und glaubst, ist falsch. Wenn du auf diese Weise alles negierst, bleibt am Ende nichts mehr übrig. Das bedeutet, dass du deine gefärbten Brillengläser abnimmst. Dann siehst du die Dinge plötzlich so, wie sie wirklich sind.

Es ist gar nichts dabei: Die Dinge sind einfach so, wie sie sind. Das ist alles. Ob das gut so ist oder nicht, spielt überhaupt keine Rolle.

Was ist Satori? Alle Aspekte der Wirklichkeit sind Satori. Satori ist nicht ein spezieller psychologischer Zustand, den du an einem bestimmten Ort, zu einem bestimmten Zeitpunkt erfährst. Das ist bloß ein Traum. Das Zazen, das unbegrenzt in Raum und Zeit ist, ist wirkliches Satori.

Du glaubst, du könntest durch religiöse Praxis zum Satori kommen? Nein, die Praxis selbst ist Satori.

Du strengst dich an, um Satori für dich selbst zu erreichen. Das ist so, als wolltest du dir einen Ring durch die Nase ziehen!

Du willst erlöst werden? Das überlass lieber dem Buddha! Wenn du den Namen Amitabha Buddhas nur in der Hoffnung anrufst, dass er dich dafür erlösen wird, ist dein Glaube an Buddha nicht echt.

Solange du alles nur vom Standpunkt deiner persönlichen Meinungen aus betrachtest, befindest du dich inmitten eines Traums.

Wenn du wirklich an Buddha glaubst, während du seinen Namen anrufst, dann liegt in diesem Anrufen selbst das Paradies.

Ob du es glaubst oder nicht: Zazen ist Buddha – aber jenseits des Rahmens deiner Ansichten und Wünsche.

Zazen bedeutet einfach zu sitzen, ohne auch nur daran zu denken, ein Buddha werden zu wollen. Zazen ist die größte Ruhe, die es in diesem Leben geben kann.

„Grenzenloser, gelassener Geist“ *(Eihei Koroku)*. Da ist nichts Großes dabei. So wie eine Feder, die in der Luft schwebt – du musst nichts dazu tun. Wenn die Feder zu Boden fällt, dann fällt sie zu Boden. Es gibt Leute, die setzen alles daran, so lange zu leben wie möglich. Aber wir müssen uns nicht so anstrengen, siebzig oder achtzig Jahre alt zu werden. Wenn du stirbst, dann stirb einfach.

Du musst dich freuen auf deinen Tod. Wenn du ein hübsches Mädchen siehst, machst du dir Illusionen, und genauso, wenn du etwas Leckeres riechst. Deine ganzen Probleme wurzeln in diesem Körper. Wenn es mit diesem Körper dann bergab geht, solltest du aufatmen: „Endlich werde ich mein Leiden los sein!“

Ist es nicht unsere wirkliche Aufgabe in diesem Leben, zurückzukehren zu unserem ursprünglichen, eigentlichen Geist? Alles andere sind doch nur Blasen, die auf dem Wasser treiben ...

„Ich will Zazen ausprobieren, um zu einem echten Mann zu werden.“ Solchen Leuten sage ich: „Aus dir wird nie ein echter Mann!“ Zazen ist der langweiligste Zeitvertreib, den es für einen Menschen geben kann. Nur wer seines Menschenlebens sehr müde ist, wird etwas damit anfangen können. Denn beim Zazen geht es darum, sich vom Mensch-Sein zu verabschieden. Zazen ist nichts, was sich Menschen ausdenken können.

Zazen ist nichts für Normalbürger. Sich selbst verbessern, die Leiter hochklettern – das sind Techniken der mondänen Welt, mit denen die Menschen nicht an Zazen herankommen.

Die Leute erhoffen sich Geistesblitze vom Zen. Wenn du einen Geistesblitz hast, ist das einfach nur ein Geistesblitz, aber nicht Zen. Jeder will es als erster erfahren, die Wissenschaftler genauso wie die Zazen-Praktizierenden. In Wirklichkeit ist aber bei all dem, was du persönlich erfahren kannst – und mag es dir noch so groß und wichtig erscheinen – überhaupt nichts dabei.

Als junger Mönch setzte ich alles daran, Satori zu bekommen. Da gab mir Fueoka Ryoun Roshi eine Lehre für den Rest meines Lebens: „Kein Grund zur Hektik, Kodo. Du bist so wie einer, dem ein Stück Scheiße an der Nase hängt und der fragt: ‚Wer hat hier gefurzt!?‘ Solange du auf diese Weise suchst, wirst du es nie finden.“

(Fueoka Ryoun Roshi:) Der Buddhaweg ist keine Treppe, die du Stufe für Stufe emporkletterst. Satori gibt es nicht so wie Kekse, die du einen nach dem anderen verspeist, und auch nicht so wie Koan, die du eines nach dem anderen „knackst“. Satori kann man nicht zählen.

Wer will Satori? „Ich!“ An einem Satori, bei dem es um dieses „Ich“ geht, ist nichts dran.

Die Jungen, die über ihre Koan nachgrübeln, scheinen zu glauben, dass Satori etwas Individuelles sei: Sie wollen Satori für sich selbst. Aber wie könnte es das, was das gesamte Universum füllt, individuell geben?

Es gibt vornehme Leute, die sich ein Haus mit Blick auf einen wunderbaren Zedernwald bauen, nur um es mit einem hohen Bretterzaun abzugrenzen und dann im Vorgarten ihre eigenen Bonsai-Zedern aufzuziehen. Die Menschen wollen alles ganz für sich allein haben.

Du hältst nur das, was in deinen engen Rahmen passt, für Wirklichkeit? Die Wirklichkeit füllt das ganze Universum!

Wenn du im Sarg noch einmal über dich und all das nachdenkst, was du in diesem Leben angehäuft hast, wirst du feststellen, dass nichts davon dir selbst gehört. Es war nur Spielzeug, das man dir für die Zeit eines Lebens geborgt hat.

Ich glaube nicht, dass es eine besondere Ehre ist, zum *Kancho* [dem höchsten Amt in der Soto-Schule] berufen zu werden. Die Nachkommen Buddhas haben alle ihre Speise erbettelt. Welche Bedeutung könnten Rang und Namen für einen haben, der in die Hauslosigkeit ausgezogen ist?

„Ich bin ein Schüler von Meister Soundso!" Solchen Leuten geht es nur um den Namen ihres Meisters. Die Verpackung ist ihnen wichtiger als der eigene Inhalt.

Die Menschen versuchen, es selbst beim Zazen noch zu etwas zu bringen. Selbst auf dem Buddhaweg machen sie sich selbst Stress.

Die Menschen interessieren sich nur für Pracht und Prunk. Wenn du deshalb bewundert wirst, ist wirklich nichts dabei. Denn die, die dich bewundern, verstehen nichts von der Buddhalehre. Sie bewundern dich höchstens als Lebenskünstler. Die Praxis des Buddhaweges muss unauffällig und bescheiden sein. Da darf es nichts zu bewundern geben.

Es gibt Mönche, die sind durch das Schwert getötet worden, andere sind verhungert. Die Frage, was uns dieses Leben als Menschen bringt, spielt für den Buddhaweg keine Rolle. Glaub ja nicht, dass dir der Buddhadharma Zufriedenheit verschaffen wird, und versuche auch nicht, mit dem Dharma dein Menschenleben zu verbessern.

Das Mönchsleben, der Weg des Glaubens, besteht darin, den Menschen in den Dienst Buddhas zu stellen.

Dogen Zenji geht es nicht im Geringsten um die Frage, was nützlich ist. Er sagt: „Sei so arm wie möglich, hüte dich vor dem Erfolg!"

26. Religiöse Praxis bedeutet, sich von hartnäckigen Begriffen und Vorstellungen zu lösen

Wenn du verkrampft bist, wirst du dich nie von deinen hartnäckigen Vorstellungen lösen können. Wenn du dagegen loslässt von deinen Ansprüchen, dann verändert sich mit einem Mal ganz unverhofft die Welt um dich herum.

Ständig rennst du mit dem Kopf gegen die Wand. Warum? Weil du dich so darauf versteift hast, dich durchzusetzen. Dabei verstehst du dich selbst gar nicht *[ga-chi]*, siehst alles nur aus der eigenen Perspektive *[ga-ken]*, versuchst ständig besser zu sein als die anderen *[ga-man]* und liebst niemanden außer dir selbst *[ga-ai]*. Kein Wunder, dass du an jeder Ecke anstößt. Das ist gefährlich für dich und die anderen. Religiöse Praxis besteht erst einmal darin, diese versteifte Lebenseinstellung aufzulockern.

Alte Leute lassen sich von ihrer Vergangenheit täuschen: „Früher hatte ich viel mehr Geld! Früher war ich jung und schön!" Je mehr sie darüber nachdenken, desto mehr quälen sie sich selbst.

Es gehört zur Natur der Menschen, an ihren hartnäckigen Begriffen und Vorstellungen festzuhalten. Wir tragen einen Klumpen aus Granit in unserem Kopf herum. Das ist, was ich unsere „Individualität" nenne: Wir wollen nicht loslassen, was uns ganz persönlich gehört.

Deine individuellen Ansichten sind das, was dir ganz persönlich gehört. Bei diesen individuellen Ansichten geht es dir letztlich nur um dich selbst. Deshalb ist das, was dir ganz persönlich gehört, der Grund deiner Probleme und Illusionen.

Die Männer versteifen sich auf ihr Mann-Sein, die Frauen beharren auf ihrem Frau-Sein. Beide Seiten halten hartnäckig an ihren Standpunkten fest. Praxis muss darin bestehen, dieses hartnäckige Festhalten aufzulockern. Wenn du wirklich bereit bist, dich ganz loszulassen, wirst du selbst an deinem Leben nicht mehr hängen. Deshalb ist es wichtig für die Praxis, einen flexiblen und weichen Geist zu entwickeln, anstatt an deinem engen Rahmen festzuhalten. Verstricke dich nicht in Kleinigkeiten, sondern widme dich dem unbegrenzten, kosmischen Ganzen. Worte wie „gläubiger Geist" oder „Satori" bezeichnen das Sich-Auflösen dieses hartnäckigen Festhaltens.

Was wir das „Ego" nennen, das ist nur eine hartnäckige Vorstellung, auf die wir uns aufgrund unserer Erfahrungen versteift haben.

Wenn du von dieser kleinen Vorstellung des „Ego" loslässt, wirst du dich selbst in deinem Gegenüber entdecken. In allen Dingen – einer Tasse Tee, einem Paar Holzsandalen – wirst du dich selbst entdecken. Alle Dinge werden so größte Wichtigkeit für dein Leben annehmen. Das bedeutet es, Zen zu praktizieren.

Lebe dein Leben, in dem du dich auf den Standpunkt deiner Eltern, auf den Standpunkt deiner Frau, auf den Standpunkt deiner Kinder stellst. So wirst du in deinen Eltern, deiner Frau und deinen Kinder dir selbst begegnen.

Der Grund, weshalb du sagst, dass die Buddhalehre schwer zu verstehen sei, liegt darin, dass du dein angehäuftes Wissen nicht vergessen willst. Wem der Glaube fehlt, der will auch nicht hören; deshalb kann er in die Lehre nicht eindringen, selbst wenn sie ihm erklärt wird. Nur wer der Lehre so widerstandslos begegnet wie ein Fass ohne Boden, wird vermögen, sie aufzunehmen.

Wenn du vor Buddha ganz ungekünstelt deinen Kopf senkst, löst sich deine egoistische Einstellung auf. Dein kleines „ich" löst sich auf im Ganzen. Das bedeutet nicht, dass „du" Satori hast. Umgekehrt: „Du" gehst zugrunde, dein „ich" kommt nicht mehr zum Vorschein.

Wir suchen nach dem Weg, doch keiner von uns hat die geringste Ahnung, wo der zu finden sein könnte: Hier ist er nicht, da ist er auch nicht. Deshalb müssen wir erst einmal damit aufhören, uns auf unsere eigenen Vorstellungen zu verlassen. An dem Punkt, an dem einer wirklich alles losgelassen und aufgegeben hat, sieht er einen Pflaumenbaum blühen: Der Kosmos, erfüllt von Buddhanatur! So erkannte Reiun Zenji, dass Buddha und er selbst nahtlos verbunden sind, dass er selbst Buddha ist.

Auf dem Buddhaweg gibt es keine zwei Dinge, die verschieden sind. Buddha und ich sind nicht getrennt. Das bedeutet aber nicht, dass ich mit Buddha so verbunden bin wie eine Fliege, die einer Buddhastatue über den Rücken krabbelt. Alles ist, so wie es ist, der kosmische Buddha. Wir träumen nur, dass wir etwas anderes wären: Einer hält sich für reich, ein anderer für doof, wieder ein anderer für einen Mann oder für eine Frau; dabei gibt es in Wirklichkeit weder Mann noch Frau, weder arm noch reich. Wenn man dich nach deinem Tod zu Asche verbrennt, wird keiner sagen: „Das ist die Asche einer Schönheit" oder: „Das ist die Asche eines hässlichen Entleins."

Wir leben unser tägliches Leben innerhalb der ursprünglichen Buddhanatur, trotzdem begegnen wir dieser Natur nie. Es ist genauso wie mit dem Auge, das sich nicht selbst sieht.

Samadhi beginnt da, wo du über Subjekt und Objekt hinausgehst: Ich und du, der Seher und das Gesehene – wenn diese Unterscheidung wegfällt, werden du und deine Praxis eins sein.

Ich existiere nicht, du existierst nicht, die Berge und Flüsse, Gräser und Bäume existieren nicht. Solange ich existiere, existieren auch Himmel und Hölle. Ohne mich existieren auch Himmel und Hölle nicht.

Das Dharmator großer Zufrieden- und Gelassenheit bedeutet, nicht nach dem Objekt des Glaubens zu suchen. Suche nicht auf der anderen Seite. Wenn du auf der anderen Seite suchst, entfernst du dich von der Wirklichkeit hier.

Der Glaube, von dem ich spreche, ist der Glaube an das ewige Prinzip, die ewige Wahrheit. Dieser Glaube besteht darin, seine menschlichen Vorstellungen aufzugeben.

Wie kommt es, dass zu Shakyamunis Zeit selbst ein alter Tölpel oder eine Hure zum Weg erwachten? Das liegt einfach daran, dass sie ihre zweifelnden Gedanken losließen. Sie waren weder besonders weise noch gelehrt, noch hatten sie viele Dharma-Vorträge gehört. Sie hatten bloß keine Zweifel. Es war die Kraft ihres rechten Glaubens, die sie zum Erwachen brachte.

27. Ein Mensch in der Irre ist zugleich Buddha – es geht darum, die Tiefe und Dynamik dieser Beziehung auszuleben

Was passiert, wenn du versuchst, die Vergänglichkeit zu verstehen, indem du ständig über verwesende Leichname meditierst? Am Ende wird dir die ganze Welt düster und grau erscheinen. Müh dich nicht ab, dir das, was schön ist, als abscheulich vorzustellen: Ein schönes Mädchen ist nicht deshalb so schön, weil es dir damit den Kopf verdrehen und dich von der Meditation ablenken will. Es ist einfach schön, und das ist alles.

Je mehr du dich mit deinem Affengeist und Pferdewillen befasst, desto verrückter wird dieser Affen- und Pferde-Geist im Kreis herumspringen und seinen Spaß mit dir treiben. Du kannst Zazen praktizieren, den Namen Amitabha Buddhas rezitieren, die Gebote so strikt einhalten, wie du willst, du kannst auch warten, bis du steinalt wirst: Niemals wirst du deine Illusionen loswerden. Wie verzweifelt du auch versuchst, deine Illusionen auszulöschen, du wirst nicht den Zustand des Nicht-Denkens oder Nicht-Geistes erreichen, du wirst dich nur selbst verrückt machen.

Wenn wir uns selbst ganz auf den Grund gehen, werden wir feststellen, dass da überhaupt nichts Besonderes ist. Ursprünglich waren wir Amöben oder Samentierchen, weder Männchen noch Weibchen. Warum versuchen wir also, unsere Fassade mit halbherzigen Fabrikationen wie „Schönheit“ oder „Hässlichkeit“, „Satori“ oder „Illusion“ zu schmücken? All unsere Wertvorstellungen sind Halluzinationen, nichts als ein Traum. Nur, weil wir daraus nicht aufwachen wollen, winden wir Menschen uns in unserem Leiden. Doch was wir nicht vergessen dürfen ist, dass wir dieses Leiden selbst fabrizieren.

Lass dich von nichts gefangen nehmen, bleibe an nichts hängen. Was auch immer du erreicht hast: Bleibe nicht dabei stehen, sonst wirst du anfangen zu schimmeln. „Der Geist wirkt, ohne sich an irgendeiner Stelle festzusetzen" *(Diamant-Sutra)*. Deshalb ist dieses Wirken unbegrenzt in allen Richtungen.

Das Wort „Buddha" ist auch nicht mehr als ein Steinklumpen auf dem Feld deines Geistes. Du musst deine Begriffe von „Buddha" oder „Dharma" loswerden, um alles einfach so zu sehen, wie es ist.

Du sagst „Feuer", aber du verbrennst dir dabei nicht den Mund. Du sagst „Wasser", aber das kann deinen Durst nicht stillen. Du musst endlich ablassen von Worten und dich der formlosen Gestalt der Wirklichkeit zuwenden.

Die Frage ist: Redest du über die Dinge von einem weltlichen Standpunkt oder vom Standpunkt der Buddhalehre aus? Nichts ist wirklich so, wie es genannt wird; doch wenn du die Bedeutung der Worte verstehst, wirst du erkennen, dass selbst diese Namen der Dinge noch wirklich sind.

In allen Phänomenen wirken das Eine und die zehntausend Unterscheidungen zusammen. Alles wird zu dem Einen, das Eine löst sich auf in allem, und dieses Zusammenwirken ruht nicht einen einzigen Augenblick lang.

Wenn du zu viel Gewicht auf *Samadhi* [das Einswerden] legst, stumpfst du ab. Wenn du dich dagegen zu sehr zur Weisheit neigst, verlierst du dich in den zehntausend Unterschieden. Uns geht es weder darum, zu Einzellern abzustumpfen, noch darum, zu zerstreuten Professoren zu werden. Uns geht es darum, das *Samadhi* und die Weisheit zusammen als Teil unseres täglichen Lebens zu leben. Das muss eine vollkommen freie Aktivität sein, mit beiden Füßen fest auf dem Boden. Ein Beispiel gab Shakyamuni in den vierzig Jahren seiner Wanderpredigten durch den Alltag, den er lebte.

Leere bedeutet die Struktur des Nichts, das alles umfasst. Es gibt keinen Buddhismus ohne die leidenden Wesen.

Du musst die Bühne von hinter den Kulissen aus betrachten, und von der Bühne aus auf das zurückblicken, was hinter den Kulissen steckt. „Die Bühne" – das ist das Sein. „Hinter den Kulissen" – das ist die Leere. Ohne das, was hinter den Kulissen steckt, ist die Bühne nicht denkbar, und ohne die Bühne gibt es auch das hinter den Kulissen nicht.

„Form ist Leere, Leere ist Form" *(Hannya Shingyo)*. Dies bedeutet, dass Form und Leere nicht zu trennen sind. Das lebendige Ganze, das vor dieser Trennung liegt, manifestiert sich hier und jetzt vor unseren Augen.

Wenn wir über unser Leben in dieser Welt vom Standpunkt des Buddhismus aus nachdenken, werden wir feststellen, dass es so ist wie mit einer Spiegelung im Wasser: Das Gesicht, das sich im Wasser spiegelt, bin ich. Aber ich bin nicht dieses gespiegelte Gesicht. So werden wir Zeuge des unergründlichen, unbegrenzten Zusammenwirkens von „mir" und „dem anderen".

Der Mensch und der Buddhadharma – diese Beziehung ist unergründlich tief. Der Normalbürger und Buddha wohnen zusammen. Es gibt keinen Normalbürger außer dem Buddha, und es gibt kein Nirwana außerhalb von Leben und Tod. Du musst den Frieden innerhalb des brennenden Hauses finden.

Wer durch seinen Körper einen Fehltritt begeht, wird auch durch den Körper den Weg wieder finden. Deshalb kann man auch sagen, dass dieser Körper, so wie er ist, Buddha ist. „Der Schatten der Kiefer ist desto dunkler, je heller und klarer der Mond scheint." Je mehr du sitzt, desto klarer wirst du verstehen, dass der Buddha und der Normalbürger in dir zusammen wohnen. Das ist *Samadhi:* Eine unbegrenzt weite und zugleich komplizierte Welt.

Ist dein Normalbürgertum etwas Schlechtes? Nein, solange du nichts daraus machst, ist dein Normalbürgertum nur so wie eine Wolke, die am Himmel vorüberzieht. Ob diese Wolke die Gestalt einer Schlange oder eines Teufels hat, spielt keine Rolle – sie wird sich in nichts auflösen. Wenn dich in Gedanken ein schönes Mädchen nicht loslassen will, setze dich einfach in Zazen: Irgendwann werden dieses Gedanken davonziehen wie Wolken. Du wirst nicht jahrzehntelang an dieses Mädchen denken.

Was während des Zazen an die Oberfläche kommt, sind keine Illusionen. Es ist der Inhalt deiner selbst. „Aha, so sehe ich also von innen aus. Kein Inhalt, auf den ich stolz sein könnte ..." Es ist wichtig, sich einmal solche Gedanken zu machen. In dir selbst begegnest du dem Buddha genauso wie dem Teufel, einem Tier oder einem hungrigen Geist. Diese innere Szenerie befindet sich in ständigem Wechsel, mal ist es der Himmel, mal ist es die Hölle. Das sind alles Spiegelungen deiner selbst. Wenn du dich in Ruhe darin vertiefst, wirst du verstehen, dass die Lehre der Tendai-Schule von den dreitausend *dharma* [Erscheinungen] innerhalb eines Gedankens, die Lehre von den fünfundsiebzig *dharma* der Kusha- und von den hundert *dharma* der Yui-shiki-Schule Erklärungen dieser inneren Szenerie deiner selbst darstellen.

Das Leben ist Tod, der Tod ist Leben. Denn alles ist nur ein Traum: Wir träumen, dass wir leben, so wie wir träumen, dass wir sterben. In Wirklichkeit sind Leben-und-Tod eins.

Jeder einzelne Augenblick ist eine erste Begegnung, jeder einzelne Augenblick ist zugleich ein Abschied: Innerhalb dieses einen Augenblickes sind Geburt und Tod eine Sache.

Du wunderst dich darüber, dass dein Gegenüber so ein ärgerliches Gesicht macht? Vielleicht liegt es daran, dass du dich selbst gerade über dein Gegenüber ärgerst, und er blickt nur mit den gleichen bösen Augen zurück. Was du für die anderen fühlst, spiegelt sich in deren Einstellung gegenüber dir wider.

Wir betrachten die Dinge durch unsere gefärbte Brille. Im Buddhismus nennen wir das „Karma" oder „Illusion". Die Welt, mit der wir zufrieden sind, und die Welt, mit der wir unzufrieden sind, haben wir selbst fabriziert.

Du sagst, du hast es mit eigenen Augen gesehen, aber wie zuverlässig sind eigentlich deine Augen? Wer bestimmt denn, was gut und was schlecht ist? Wer bestimmt, was kalt und was warm ist, wer entscheidet über Sieg oder Niederlage, und wer kann wirklich sagen, ob deine Praxis so gut ist oder nicht? Jeder sieht das durch seine eigene Brille von Karma und Illusion. Die Welt, die wir sehen, ist nichts als das Konglomerat unserer Illusionen.

Ein alter Greis, der vor langen Jahren mit der Frau eines anderen Mannes davonlief, glaubt jetzt, da er krank im Bett liegt, dass ihn diese Frau, inzwischen selbst eine alte Oma, mit einem anderen betrügt. Dieser Wahn ist eine Projektion seines eigenen vergangenen Karmas, das jetzt plastisch und konkret vor seinen Augen erscheint. Das ganze große Theater, das alle Welt macht, dreht sich nur um ein Trugbild. Wir werden von der Projektion unseres eigenen Karmas an der Nase herumgeführt.

Im täglichen Leben lassen wir uns von unseren ständig wechselnden Emotionen der Freude und des Leids, der Sorgen und des Glücks umhertreiben. Das Gewimmel, das wir auf den Einkaufsstraßen Tokios beobachten können – in Shibuya, Shinjuku oder auf der Ginza –, ist nichts gegen den Betrieb, der in dir selbst herrscht. Es ist das unvermeidliche Resultat deines vergangenen Karmas, das sich in vielen gegenseitig überlappenden Schichten manifestiert.

Dein Leben ist ein Produkt deines eigenen Karmas. Im Augenblick ist mir selbst hier nur etwas der Treibstoff der Illusion ausgegangen, deshalb verhalte ich mich jetzt so ruhig; doch andere haben da den Tank noch etwas voller.

In irgendeinem Sutra steht, dass einem, der sein Leben lang Schlechtes getan hat, in der Stunde seines Todes Wände, Pfeiler und Türen in der Gestalt von Dämonen erscheinen werden. Wenn du stirbst und dein Bewusstsein anfängt, sich aufzulösen, dann werden deine vergangenen Taten dich bedrängen, und du wirst dich in den Schmerzen deines eigenen Karmas winden. Das ist wirklich wahr, du wirst es selbst erleben.

Du sitzt in dem einen Buddha-Gefährt, doch weil du dir nicht über dich selbst im Klaren bist, träumst du deinen Traum aus Karma und Illusion. So fährst du in dem einen Gefährt pausenlos Achterbahn in den sechs Welten[11].

Deine Illusionen haben nicht die geringste Substanz. Sie sind aus deinem Karma geboren. Sie scheinen nur so zu sein, wie sie sind.

[11] Die sechs Welten von Höllenbewohnern, hungrigen Geistern, Tieren, kämpfenden Dämonen, Menschen und himmlischen Wesen.

Was du heiß oder kalt, Freude oder Leid nennst, nennst du nur so im Vergleich mit deinem vergangenen Leben. Das ist substanzloses Karma. Es existiert nicht, es ist aber auch nicht nichts.

Es gibt im Leben weder Glück noch Unglück. Es hängt alles nur von deiner persönlichen Perspektive ab. Es gibt Leute, die sich selbst inmitten des größten Glücks noch in ihrem Leiden winden.

Wie gut es dir auch gehen mag, denk dir einfach, dass das auch nur eine vorübergehende Stimmung ist. So schlecht es dir auch gehen mag, denk dir einfach, dass das auch nur eine vorübergehende Stimmung ist. Du darfst das alles nicht so ernst nehmen.

Der menschliche Körper ist ein Provisorium, zusammengesetzt aus den vier Elementen von Erde, Wasser, Feuer und Wind. Wenn du aber einmal gründlich untersuchst, was diesen Körper im Innersten zusammenhält, wirst du feststellen, dass da rein gar nichts ist. „Wenn du zum Leib des Dharma erwachst, wirst du sehen, dass es überhaupt keine Substanz gibt“ *(Shodoka)*. Vom Standpunkt der Substanzlosigkeit aus betrachtet spielt es keine Rolle, wie die Dinge ihren Lauf nehmen. Wer hätte dich vermisst, wenn du letztes Jahr gestorben wärst? Niemand! Du hättest überhaupt nicht geboren werden müssen. Wenn du als Kater oder als Pferd zur Welt gekommen wärst, hätte auch niemand etwas dagegen einzuwenden gehabt.

Du musst dir klar darüber sein, was dein Körper eigentlich bedeutet. Wenn die Existenz deines Körpers nur ein Trug ist, dann gibt es in Wirklichkeit weder Geburt noch Tod. Wenn du einmal richtig darüber nachdenkst, wirst du feststellen, dass dein Körper nur ein Traum ist. Er ist nicht wirklich. Er kommt dir nur wirklich vor.

Was auch immer dir passieren mag: Wenn du es mit dem Maßstab der Grenzenlosigkeit misst, wirst du feststellen, dass nichts dabei ist. Genauso ist es, wenn dir irgendjemand etwas schenkt: Du bist ganz aus dem Häuschen vor Freude, aber in Wirklichkeit ist überhaupt nichts dabei.

Shakyamuni Buddha sagte: „Du sollst nicht nehmen, was nicht dir gehört." Hogen Bikkhu antwortete: „Verstanden." Was hat er da verstanden? Dass nichts im ganzen Universum ihm selbst gehört. Und dass es also auch nichts wegzunehmen gibt. Da war er so nackt wie ein Baby.

Es gibt nichts, was dir gehört, und auch nichts, was mir gehört. Alles, was du dein Eigentum nennst, hast du nur ausgeliehen, für die kurze Zeit deines Lebens.

Du redest über Sieg und Niederlage, Gewinn und Verlust. Das ist so, als wolltest du die Summe der Wellen im Meer berechnen. Das Wasser im Meer nimmt weder zu noch ab, aber du hast nur Augen für den Schaum auf den zehntausend Wellen vor dir. So verbringst du dein Leben, umhergeschaukelt von den Wellen der Vergänglichkeit.

Gehe hinaus über männlich und weiblich, reich und arm. Wenn du über all das hinausgehst, wirst du am Ende feststellen, das alles nur ein Theaterstück ist. Selbst Buddha ist nur ein Traum, Satori ist nur ein Traum. Wenn du dein Leben vom Standpunkt des Nichts aus betrachtest, wirst du sehen, dass das alles nur Szenen in einem wirren Traum sind. Da gibt es weder „Sinn" noch „Zweck".

Du wachst aus deinem Traum auf und glaubst, dass du deine Illusionen für immer hinter dir gelassen hast? So einfach geht das nicht. Die Blasen, die eine Krabbe unter Wasser blubbern lässt – wenn du glaubst, dass sie wirklich sind, entpuppen sie sich als unwirklich, wenn du sie dagegen für unwirklich hältst, wirst du feststellen, dass sie wirklich sind. Wir praktizieren innerhalb unseres Traums. Das ist gut so. Ganz eins mit der Praxis, ganz eins mit dem Traum.

Die Geschichte deines Lebens ist so wie der Weg der Wolken. Der weite Himmel ist die Leere. Da gibt es nichts festzuhalten, wirklich nichts.

[In den letzten Lebensjahren, auf ein Fenster zeigend:] Komm her! Siehst du den Rücken des Takagamine-Berges? Ich kann hören, wie der Berg mich ruft: „Kodo, Kodo!“

29. Du lebst bereits im Nirwana – und machst dir immer noch Sorgen ums Monatsgehalt?

Du schmückst dich mit deinem Rang und Namen, und dabei weißt du noch nicht einmal, wer du wirklich bist. Du weißt nicht, welchem Zufall du deine Geburt verdankst, und du weißt auch nicht, warum du atmest. Bevor du dich versiehst, hast du dich in ein Mädchen verliebt, und plötzlich stehst du da mit Frau und Kind – und weißt noch immer nichts.

Du brauchst dir nicht so viele Gedanken darüber zu machen, ob du glücklich bist oder nicht, ob dir das Leben schmeckt oder nicht. Selbst das, was dir schmeckt, wirst du irgendwann einmal über haben, während du an dem, was dir nicht so schmeckt, plötzlich Geschmack finden kannst. Kurzum: Alles ist Leere.

Alle Dinge existieren nur durch karmische Wechselwirkung, und dabei gibt es kein Ding, das genau so sein muss, wie es ist. Das Papierfenster da muss kein Papierfenster sein. Die Welt kommt auch ohne es aus. Dass kein Ding wirklich Substanz hat bedeutet, dass es nichts gibt, an dem wir festhängen können: Alles ist leer.

Nirwana ist die Welt, in der die Leere nichts als Leere darstellt. Da ist überhaupt nichts dabei. Nur die Menschen laufen hastig einer Sache hinterher und vor einer anderen davon. Dabei gibt es in Wirklichkeit nichts zu erreichen und auch keinen Ort, an dem du dich verstecken könntest.

Du lebst mitten im Nirwana – und lässt dich von deinen Sorgen ums Monatsgehalt an die Leine legen.

Sowohl in deinem Bewusstsein als auch in deinem Leben ist es wichtig, dich nicht von überflüssigem Zeug verrückt machen zu lassen. Doch wenn man dich lobt, bist du ganz aus dem Häuschen, und wenn man dich nicht lobt, bist du niedergeschlagen. Du trinkst über deinen Durst und weißt nie, wann du genug von einer Sache hast. Von allen Dingen lässt du dich an der Leine herumführen, bis du gar nicht mehr weißt, worum es in deinem Leben eigentlich geht.

Manche Leute trinken Tee und essen Kekse, um sich selbst zu trösten und über ihr Leben hinwegzutäuschen. Mit jedem Keks vertuschen sie eine Illusion, mit jedem Keks kommt eine neue zum Vorschein.

Der schwarze Hund sagte zum weißen Hund: „Hey, Weiß! Wenn die Gerüchte stimmen, dann werden weiße Hunde nach dem Tod als Menschen wiedergeboren. Ich wünschte, ich wäre du: Als Mensch könnte ich mit Messer und Gabel essen und auf zwei Beinen gehen, das wär schon was! Welche Sicherheit habe ich schon als schwarzer Hund, dass ich je als Mensch wiedergeboren werde?"

Da sagte Weiß mit tränenerstickter Stimme: „Das sagen mir alle, und ich glaube auch daran, dass ich beim nächsten Mal als Mensch geboren werde. Es gibt nur eins, worüber ich mir Sorgen mache ..." – „Und was wäre das?" – „Ich frage mich, ob ich als Mensch genug Scheiße zu fressen bekomme, um die Hundstage [jap. *doyo*] zu überstehen." – Die Welt eines Hundes unterscheidet sich von der der Menschen. Wenn der Hund während der Hundstage keinen Kot zu fressen bekommt, erleidet er einen Hitzschlag. Aber welcher Mensch würde schon Kot fressen? Das meinte auch Nishiari Zenji, als er sagte, dass es genauso schwierig sei, einem Normalbürger den Buddhadharma zu erklären, wie das Interesse eines Säuglings für Pornographie zu wecken.

Ein Pferd benimmt sich nie schlechter als ein Pferd. Der Mensch hat die Wahl, über sein Mensch-Sein hinauszugehen; stattdessen zieht er es vor, seinen tierischen Instinkten zu verfallen.

Du stirbst. Trotzdem interessierst du dich für nichts als Geld und gutes Essen. Bis du stirbst willst du so viel zusammenhamstern wie nur möglich. Das ist der Grund deines Leidens.

Anstatt zu glauben, dass dich dein Geld zu etwas ganz Besonderem macht, denk einmal an das Mädchen hinter dem Bankschalter: Dem geht auch ständig Geld durch die Hände.

Woran leiden die leidenden Wesen eigentlich? Am Gruppenwahn. So viel Geld brauchst du gar nicht, um zu leben, doch der Gruppenwahn lässt dich glauben, dass du noch nicht genug hast. Auch die Karrieresucht ist ein Ausdruck dieses Gruppenwahns.

Du musst zum einen Menschen werden, der sich von nichts im Leben in den Bann schlagen lässt. Warum auch? Du bist doch keine Meergrundel[12], die nach jedem Köder schnappt. Leider lässt sich der Normalbürger leicht ködern; deshalb müssen wir bei unserer Praxis vor allem darauf acht geben, nichts und niemandem an die Leine zu gehen.

Die große Natur kennt keine Hektik, nur die Menschen machen sich ständig Stress. Wie kommt es zu diesem Widerspruch? Ich glaube, es liegt daran, dass nur die Menschen sich den Kopf darüber zerbrechen, warum sie so unglücklich sind und was sie tun müssen, um glücklicher zu leben.

---

[12] Fischart, die nahe Korallen lebt.

Ständig sind die Menschen auf der Flucht. Sie verstecken sich hier, sie verstecken sich da, immer auf der Suche nach einem besseren Schlupfloch. Wann findet die Flucht eines Menschen endlich ihr Ende? Im Sarg.

Es geht nicht darum, so weit zu fliehen, bis uns unsere Sorgen und Nöte nicht mehr erreichen können. Wir versuchen auch nicht, einer Sache so lange nachzulaufen, bis wir sie endlich in den Griff bekommen haben. Der Punkt ist, mit diesem Körper – so wie er ist – fest verankert in der Buddhalehre zu leben. Die Essenz der Buddhalehre ist, Nirwana innerhalb des Samsara [die vergängliche Welt, unser Leben-und-Tod] zu manifestieren.

Wenn die Sonne scheint, lass die Sonne scheinen; wenn es schneit, lass es schneien. Du musst die Landschaft im Ganzen betrachten, nicht nur deinen persönlichen Ausschnitt davon. Aber die Menschen ziehen es vor, etwas zu fabrizieren, anstatt die Natur zu nehmen, wie sie ist.

Dein Körper, so wie er ist, strahlt das Licht der Wahrheit aus. Das einzige, was diesem Licht im Weg steht, ist dein Geist, der angestrengt seine Ränke schmiedet. Wenn du nur all deine versteckten Absichten und Pläne vergisst und mit offenen Augen und Ohren um dich siehst, ohne nach irgendetwas zu greifen, dann wirst du feststellen, dass alles gut ist, so wie es ist.

Der Kranich, der gelassen mit den Flügeln schlägt, redet nicht von „Geistesfrieden" und beklagt sich auch nicht über „Sorgen und Not". Er fliegt nichts hinterher und auch vor nichts davon.

Nichts in der Welt ist wirklich von Bedeutung: Geld zählt nicht, deine Karriere zählt nicht, was dir schmeckt oder nicht ist unbedeutend. Nichts ist uninteressanter als das, was die Leute interessiert. Katastrophen? Nichts dabei. Selbst Ryokan sagte: „Im Unglück musst du dem Unglück begegnen. Wenn du stirbst, dann stirb! Auf diese wundersame Weise kannst du jeder Katastrophe entfliehen."

Wenn du die Augen schließt und nachdenkst über das, was war, wirst du feststellen, dass alles Leere ist. Von diesem Augenblick aus betrachtet, war es weder „gut" noch „schlecht".

30. Du willst deinem erleuchteten Meister so nah sein wie eine Laus in der Unterhose?

Halte auch an deinem Meister nicht fest. Selbst an Buddha oder dem Dharma darfst du nicht festhalten. Ein Mönch namens Mugai weinte, als er von seinem Meister Nishiari Zenji Abschied nehmen musste. Da sagte Nishiari: „Du willst mir immer nah sein? Wenn du so an mir hängst, dann werde doch einfach zu einer Laus und setzt dich in meine Unterhose!"

Männer sollten das Mann-Sein vergessen, Frauen das Frau-Sein. Die Reichen müssen ihren Reichtum, die Armen ihre Armut vergessen. Und die Mönche ihre Mönchsnatur. Nur wenn du auf diese Weise alles vergisst, erscheint wahrer Dharma.

Es ist wichtig, diese Welt vom Standpunkt des Todes aus zu betrachten. Wie sieht die Welt vom Sarg betrachtet aus? So lange du lebst, siehst du nur die Welt deiner Illusionen. Nur wenn du stirbst, kommt diese Welt zu wirklichem Leben.

Warum ist das Selbstverständliche so schwer zu verstehen? Wir werden von unseren Gewohnheiten an der Nase herumgeführt. Wenn du zum Mönch wirst, entwickelst du deine „Mönchsgewohnheiten", und von denen lässt du dich dann hinters Licht führen. Oder vom „Zeitgeist". Oder vom „Milieu". Und du fängst an, dich über dein Schicksal zu beklagen und zu weinen. Aber worin besteht dein Unglück überhaupt? Außerhalb deiner selbst gibt es nichts, was sich als „Glück" oder „Unglück" definieren ließe.

Das Leben ist ein Traum, den du mit deinen Begriffen träumst. Wenn du sagst, dass es dir Spaß macht, dann macht dir das Leben Spaß. Wenn du dagegen glaubst, dass du es leid hast, wirst du es leid haben. Doch so viel du dich auch amüsieren magst, irgendwann wird es dir doch langweilig werden.

Nichts im Leben steht fest: Glück erscheint bei näherem Hinsehen als Unglück, Unglück als Glück. In Wirklichkeit gibt es weder Glück noch Unglück, weder Freude noch Leid. Nichts muss auf irgendeine bestimmte Weise sein; alles ist gut, so wie es gerade kommt. Nur die Menschen machen ein großes Theater darum. Das ist das Leben.

Wenn du das Leben einmal genau analysierst, wirst du feststellen, dass das, was wir „Glück" oder „Unglück", „Freude" oder „Leid", „Himmel" oder „Hölle", „Erleuchtung" oder „Illusion" nennen, alles überhaupt keine Substanz hat. Das ist so, als redeten wir im Schlaf. Tatsächlich sind wir aber längst in der allgegenwärtigen einen Wahrheit gut aufgehoben.

Das Leben ist ein Theaterstück. Du hättest es viel leichter, wenn du dir sagen würdest, dass du in diesem Stück nur die Rolle des Dieners spielst. Aber weil du das Theaterstück für die Wirklichkeit hältst, bist du mit dieser Rolle nicht zufrieden. Wenn du freilich die Rolle des Ministers bekommst, wirfst du dich plötzlich groß in Pose. Da gibt es sogar welche, die anfangen zu weinen, bloß weil sie den Zug verpasst haben.

Viele Dinge im Leben sind nur Hirnprodukte – Begriffe, denen wir Kleider angezogen haben. Wir müssen zurück zu uns selbst, aufwachen zu uns selbst, und die Welt so sehen, wie sie wirklich ist, ganz nackt, ohne unsere Fabrikationen. Buddhadharma bedeutet nichts anderes als das. All das, was wir uns angelernt haben, was wir vom Hörensagen kennen, müssen wir erst einmal vergessen. Von unserem angehäuften Wissen, all dem, was wir in der Schule gelernt oder im Fernsehen gesehen haben, lassen wir uns doch nur an der Nase herumführen.

Eigentlich leben wir dieses Leben nur zum Zeitvertreib. Doch wenn wir dann nochmal darüber nachdenken, fangen wir plötzlich an, nach Sinn und Bedeutung zu fragen. Wir sagen: Ich habe so und so viel getan, welche Belohnung werde ich dafür bekommen? So versuchen wir gutes Karma zu schaffen, verunreinigen dabei aber nur uns selbst. Es ist besser, immer ganz frisch und von neuem zu leben. Karma beginnt da, wo du die Dinge nicht mehr so nimmst, wie sie sind. Wenn du nicht ganz so bist, wie du bist, beginnst du, an deinem Ego zu haften. Die Menschen lassen sich von diesem Karma davontreiben.

Es gibt nichts, das du greifen könntest, nichts, das endgültig wäre. Da, wo du alle fabrizierten Vorstellungen loslässt, beginnt der Weg.

Da gibt es Leute, die wollen alles vorher ausdiskutieren: „Angenommen, es wäre so und so, was würden wir dann tun?" Ich sage dann immer: „Kein Problem. Am Ende sterben wir!" Dir den Kopf darüber zu zerbrechen, was du in diesem oder jenem Fall tun würdest, bedeutet, dir deine Sorgen in Eigenregie zu fabrizieren. Die wirklichen Probleme kommen von selbst auf dich zu.

Das Leben ist so wie der Krieg: Ständig bist du damit beschäftigt, deine Feinde unter Beschuss zu halten. Zazen bedeutet, das Feuer einzustellen. Feuerpause!

Wir sehen nicht klar, weil wir uns von den Gewohnheiten unserer Augen, Ohren und Nase hinters Licht führen lassen. Unser Geist muss so rein wie ein weißes Blatt Papier sein. Die Welt sieht frisch aus, wenn wir sie aus dem grenzenlos weiten, wolkenlosen Himmel des Zazen betrachten.

Wenn du auch nur einen ganz kleinen Winkel des Unermesslichen in den Blick bekommst, werden sich deine Normalbürger-Wertvorstellungen alle in nichts auflösen. Da war einmal einer, der wegen seiner Kriegsverbrechen für drei Jahre ins Gefängnis musste: Nun sah er sich zum ersten Mal als nackten Menschen, dem seine ganzen Orden und Auszeichnungen überhaupt nichts brachten.

Glaube bedeutet, von dem unermesslichen Selbst, das nahtlos mit Buddha verbunden ist, beleuchtet zu werden. Das ist das Selbst, das du nicht selbst bist, das Selbst, das du nicht denken kannst.

Wir haben alles in diesem Leben geschenkt bekommen, uns fehlt es wirklich an nichts. Was könnten wir uns da noch mehr wünschen? Und diese Tatsache interessiert uns weder, noch bedrückt sie uns im Geringsten. Das heißt, dass überhaupt nichts dabei ist: Das Leben kennt weder Gewinn noch Verlust. Es lässt sich nicht ausmessen, es hat keine feste Gestalt.

Woher kommt dieser eine Atemzug? Woher kommt die plötzliche Wut in deinem Bauch? Woher kommt es, dass du dich verliebst? Soviel du auch suchst, du wirst die Antwort nicht finden. Das ist so wie mit einem Feuerwerk – du brauchst nur zuzusehen, da gibt es nichts groß zu fragen. Das gleiche gilt auch für dein Satori: Da ist nichts dabei, das brennt genauso ab wie ein Feuerwerk. Was bleibt, ist weder Satori noch Illusion, sondern nur die Welt jenseits von Satori und Illusion, jenseits von „gut" und „böse".

Du machst dir Gedanken darüber, wie du am schnellsten vom Punkt X zum Punkt Y kommst? Die Antwort der Praxis von *Shikantaza* besteht darin, einfach zurückzukehren zu dem Punkt, an dem diese Gedanken nichts zählen. Beim Sitzen gibt es weder reich noch arm, weder geschickt noch ungeschickt. An diesen Punkt zurückgekehrt, einfach fest am Boden sitzen.

Du glaubst, dass Geld deine Illusionen verursacht? Nein, Geld hat keine Absichten. Es ist auch nicht die Schuld des Parfüms, wenn du dich nach einem Mädchen umdrehst. Wenn du nur von deinen eigenen Absichten ablässt, ist gar nichts dabei.

Die Zypressen verwirklichen sich als Zypressen, der Berg verwirklicht sich als Berg. Nur die Menschen zerbrechen sich den Kopf darüber, was das alles kosten mag.

Deine Nase riecht gebratenen Aal – und das ist alles. Deine Augen sehen ein schönes Mädchen – und das ist alles. Solange du dich nicht auf den Standpunkt deiner menschlichen Begierden stellst, ist gar nichts dabei. Lass die Dinge einfach so sein, wie sie sind.

„Der Vogel singt, die Blume lacht – ganz von selbst, ganz natürlich." Dabei kommen ihnen keine Gedanken dazwischen wie: „Ich werde den Sawaki jetzt mal mit einem Lied beeindrucken." Oder: „Hast du denn keine Augen im Kopf? Siehst du nicht, wie schön ich hier blühe?" Der Vogel singt einfach, die Blume blüht einfach – auf diese Weise verwirklichen sie sich selbst als sich selbst durch sich selbst.

Die zehntausend Dinge sind vollkommen ruhig, selbst wenn der Wind weht und die Blüten davonbläst. Wenn es regnet und dein teurer Anzug nass wird, bist nur du es, der sich ärgert – der Regen bleibt ganz ruhig.

Die Leute sagen, dass der Sawaki eine große Nase hat, aber meine Nase selbst hat das nie von sich behauptet, noch hat sie sich je Gedanken darüber gemacht. Sie ist groß und schweigt. Das gilt genauso für alle anderen Dinge – sie sind einfach so, wie sie sind, ohne darüber nachzudenken. In die Praxis umgesetzt bedeutet das: Zazen.

Die Dinge sagen nicht: „Ich bin ein kostbares Stück Keramik!" Oder: „Ich bin nur eine billige Vase ..." Die Dinge schweigen, denn sie haben keine wirkliche Substanz.

Die Dinge sind in Wirklichkeit alle so, wie sie sind: Der Berg ein Berg, der Fluss ein Fluss, die Tatamimatte eine Tatamimatte, das Papierfenster ein Papierfenster. Wenn du die zehntausend Dinge gründlich betrachtest, wirst du sehen, dass sie – so wie sie sind – der Körper Buddhas sind. Nur die Schuppen jenes Bewusstseins, ein erleuchteter Buddha zu sein, sind ihnen schon lange abgefallen.

Der Buddhaweg ist die Welt, in der es keine Objekte wie „Satori" gibt. In dieser Welt gibt es weder Feinde noch Verbündete und nichts, wofür man kämpfen müsste. Deshalb sagen die Leute: „Buddhismus ist stinklangweilig!"

Weisheit ist etwas anderes als Cleverness. Wer clever ist, stellt sich selbst in den Mittelpunkt, aber Weisheit besteht aus der Einsicht, dass es diesen Mittelpunkt nicht gibt. Es gibt kein Selbst. Deshalb geht es dem Weisen auch nicht um sich selbst. Der Weise will Erlösung nicht für sich allein.

Wenn du furzt, dann stinkt es – was ist Wahrheit, wenn nicht das? Es gibt überhaupt nichts in Raum und Zeit, was nicht Ausdruck dieser Wahrheit ist. Ist Weiß besser als Schwarz? Wer kann das schon bestimmen! Weiß ist weiß, Schwarz ist schwarz – auf gleiche Weise drücken alle Dinge den Dharma aus, ohne dass das eine besser wäre als das andere.

Das kosmische Licht durchdringt alles, es gibt keinen Ort, den es nicht erleuchtet. Wann immer es so scheint, als ob ein Ding existiert und ein anderes nicht, oder so, als ob ein Ding entsteht, während ein anderes vergeht, ist das nur das Leuchten des kosmischen Lichtes. Deshalb gibt es weder etwas zu nehmen noch etwas zu geben. Denn das Nehmen und Geben selbst sind das Leuchten.

Wenn du auf die vergängliche Welt nicht verächtlich herabblickst – das heißt, wenn du Undenken praktizierst –, dann wirst du vielleicht erkennen, dass alle Dinge im gesamten Universum nichts als erwachter Geist sind. Das bedeutet, dass der Boden, auf dem du jetzt stehst, das Paradies sein muss, und dass du dich in jedem einzelnen Augenblick ganz hingeben musst an die eine Sache, die du tust.

Der Buddhaweg ist kosmische Wirklichkeit, die Wahrheit der großen Natur. Deshalb sind alle Erscheinungen Ausdruck des Buddhaweges.

Wenn Sesshu Berge und Flüsse malt, dann malt er damit Buddha. Alle Phänomene sind Erscheinungen Buddhas – das ist ein Satori.

Buddha bedeutet das Universum, so wie es von Anfang an war. Das Universum ist ein einziges Mandala[13], ein riesiger Altar des Buddha. Alles, was du siehst, ist Teil des kosmischen Mandala; alles, was du hörst, ist ein kosmisches Mantra [heiliges Wort, heilige Silbe].

Was wir „Buddha“ oder „Weg“ nennen, hat eine vollkommen freie Gestalt; das ist so wie ein Stoff, der sich zu allem verarbeiten lässt. Wir können es auch in der Gestalt eines Dämonen oder einer Schlange aufs Papier malen. Aber damit fixieren wir es. Unsere Übung muss darin bestehen, diesen Geist als diesen Buddha lebendig und frisch zu erhalten.

Alles ist der Buddhaweg, es gibt nichts, was nicht der Buddhaweg wäre. Wir dürfen diesen Buddhaweg bloß nicht zu etwas machen, das wir nur vor uns hin rezitieren. Der Buddhaweg darf zu keinem abgedroschenen Begriff werden, er muss neu sein in jedem Augenblick.

---

[13] Figurales oder geometrisches Schaubild mit magisch-religiöser Bedeutung.

Zazen bedeutet, mit diesem Körper – so wie er ist – das ewige Leben zu leben. Es bedeutet, das Leben auf eine absolute Weise zu leben. Das höchste Ziel, das sich ein Mensch in diesem Leben setzen kann, ist, diesen Körper für das ganze Universum einzusetzen.

Zazen ist unergründlich: Du kannst es nicht studieren. Zazen ist die Wirklichkeit, die sich nicht von dir in den Griff bekommen lässt. Das macht diese Wirklichkeit so ungeheuer.

Buddhismus ist kein Ideal, Buddhismus ist die Wirklichkeit. Buddhismus ist keine Theorie, Buddhismus ist die Praxis. Das heißt: Unsere Übung.

Du hast deinen Körper nicht selbst gemacht. Dieser Körper ist nichts als ein Teil des gesamten Universums. Du nennst dieses Teil: „Ich!". Aber in Wirklichkeit ist nichts Großes dabei.

Du machst dir keine großen Gedanken über dein Aus- und Einatmen, das Hören deiner Ohren oder das, was du mit diesem Körper fühlst. All das geschieht unbewusst und automatisch. Wenn das nicht so wäre, dann wärst du kaum in der Lage, im Alltag zu leben. Der Geist ist weder getrennt von diesem Körper, noch lässt sich der Körper von diesem Geist trennen. Aktivitäten wie das Atmen, Hören oder Fühlen sind Ausdruck dieser Einheit von Körper und Geist. Dieses Wirken ist die Gnade der großen Natur, in ihm scheint das Licht des Nirwanas. Du kannst das Leben nicht „machen", deshalb ist es wichtig, keine persönlichen Pläne zu schmieden, sondern einfach dem Ruf des Lebens zu folgen.

Zazen bedeutet, zu bezeugen, dass du dieses Leben von der großen Natur empfangen hast und nur durch die Kraft dieser Natur lebst. Das bedeutet wiederum, dass du nicht wirklich „du selbst“ bist, denn du bist nahtlos verbunden mit dem ganzen Universum. Deshalb gibt es keinen Ort im Universum, den du nicht erreichst: Wenn du Zazen praktizierst, dann praktiziert das ganze Universum mit dir. Denn das Universum ist der Inhalt deiner Praxis.

Wenn du Zazen praktizierst, dann praktizieren alle Lebewesen gemeinsam mit dir. Deshalb verleiht es der Welt einen ungeheuren geistigen Impuls, wenn du dich einfach in Zazen setzt.

Was passiert, wenn wir Zazen praktizieren? Wir füllen das ganze Universum mit Zazen! Deshalb schließt mein Zazen Truman genauso ein wie Mao Tse-tung.

Was machen wir, wenn wir Zazen üben? Wir betrachten die ganze Landschaft des Universums mit einem Blick, ohne etwas dazu zu tun und ohne etwas davon wegzunehmen.

Alles in deinem Leben ist wahr, und zugleich ist alles auch eine Lüge. Deine Praxis muss alles umfassen: Die totale Bejahung genauso wie die totale Verneinung, alles, was du magst, genauso wie alles, das du nicht magst. Das bedeutet, die ganze Landschaft des Universums mit einem Blick zu betrachten.

Zazen bedeutet, die Landschaft des Universums einfach so sein zu lassen, wie sie ist: Gelassen und ruhig, grenzenlos weit. In dieser grenzenlosen Weite entdeckst du deine Hände als Hände und deine Füße als Füße.

Egal, was passiert, während du in Zazen sitzt: Wenn du einfach sitzt, so wie eine Lotusblume, die im Schlamm wächst, dann wird alles Teil deines Zazen.

„Die weißen Wolken sind das Gewand meines Zazens“ (Daichi Zenji). Sitze mit diesem *Kesa*-Gewand in Zazen. Denn dann wird der Normalbürger eingehüllt in das *Kesa*, und ohne irgendwelche Ränke zu schmieden, wird er sich auflösen im Gewand.

Das ganze Universum ist ein einziger *zafuton*[14], alles wird erfüllt von meinem täglichen Zazen: „Was für ein Kerl dieser alte Sawaki doch ist – er setzt sich mitten rein ins Universum!“ Dein Glauben muss eine solche Dimension haben, dass du dein Zazen nicht nur für dich alleine sitzt, sondern damit auch noch den letzten Winkel mit kosmischem Licht erhellst.

Im „Sutra der Dreitausend Namen Buddhas“ kommt der Name des Buddha, der sämtliche Phänomene transzendiert, vor. Das heißt, dass du Buddha nicht zu greifen bekommen wirst, so viel du ihm auch hinterherläufst. Dieser Buddha ist unbegrenzt, du kannst ihn weder greifen noch vor ihm davonlaufen.

Du kannst dich nicht vom Universum distanzieren. Das einzige, was da eine Distanz verursacht, sind deine Gedanken. Wenn du für einen Augenblick einfach still bist, wirst du sehen, dass in Wirklichkeit nichts dabei ist.

[14] Japanische Sitzmatte.

Zen muss deine Lebenseinstellung sein, und diese Lebenseinstellung muss darin bestehen, dass du dich bei keinem Schritt oder Handgriff, den du tust, aus dem Blick verlierst. Das bedeutet, dass du immer festen Boden unter den Füßen hast, dass du dich nicht vom Universum distanzierst. Du lebst dein Leben, indem du mit dem Universum aus- und einatmest.

Wenn du jeden Morgen mit Buddha aufstehst und jeden Abend mit Buddha zu Bett gehst, dann wirst du verstehen, dass selbst das kleinste Ereignis am Ende von Raum und Zeit eine Bewegung deines eigenen Körpers ist.

Wenn du erkennst, dass du nahtlos mit dem Universum verbunden bist, dann wirst du auch verstehen, dass es dir nicht möglich ist, das kosmische Leben zu töten. Wenn du das kosmische Prinzip verstehst, dass es überhaupt nicht möglich ist, Leben zu töten, dann wirst du auch nicht töten. Das ist die Bedeutung des Satzes: „Du sollst nicht töten!“ Das ist kein Verbot. Es ist eine Selbstverständlichkeit, zu der du aufwachen musst.

Das, was wir „die Gebote“ *[kai]* nennen, ist nichts, was wir „einhalten“ könnten. Denn es gehört zur Natur der Gebote, dass sie nicht zu brechen sind. Genau genommen heißt es deshalb auch nicht: „Du sollst nicht töten.“ Sondern: „Du kannst nicht töten.“

Die Gebote zu empfangen *[jukai]* bedeutet, dass du die Geisteshaltung Buddhas zu deiner eigenen Geisteshaltung machst.

Du siehst den ganzen Kosmos. Du hörst den ganzen Kosmos. Du riechst und schmeckst den ganzen Kosmos. Du atmest nicht den Atem eines anderen. Du atmest mit dem ganzen Kosmos zusammen aus und ein.

Das Alte Testament spricht von der Erschaffung des Menschen nach dem Ebenbild Gottes. Wir erschaffen den Menschen nach dem Ebenbild Buddhas. Buddhadharma bedeutet, Buddha nachzumachen.

Zazen bedeutet, Buddha mit dem menschlichen Körper zu erschaffen.

Wenn du Rettich in Salz einlegen willst, um *takuan* herzustellen, ist es wichtig, dass das Salz auch richtig in den Rettich eindringt. Nur wenn das richtige Gleichgewicht zwischen dem Rettich, dem Salz und dem Gewicht des Steins darauf herrscht, erhältst du guten *takuan.* Genauso ist es auch beim Zazen wesentlich, dass das richtige Gleichgewicht zwischen dir, der Zazen-Haltung und dem Universum herrscht.

Wenn du dich hängen lässt, „hängt" auch dein Geist. Nimmst du eine würdevolle Haltung an, verleiht das auch deinem Geist Würde. Wenn es uns deshalb darum geht, so wie Shakyamuni Buddha zu werden, müssen wir erst mal eine Haltung annehmen, die so fest wie die Shakyamunis ist. Auf diese Weise schalten wir auf dieselbe Wellenlänge wie Shakyamuni: Die Form bestimmt den Inhalt.

Buddha ist kein Begriff. Wenn wir unsere Muskeln und Sehnen ins Gleichgewicht bringen, wird dieser Körper selbst Buddha. Die Übung selbst ist Satori. Die Form ist der Geist. Die Haltung ist der Weg.

Versuche doch einmal, einen Ehestreit mit Händen in *Gassho* auszutragen: Der reine Geist, der sich in den Händen in *Gassho* ausdrückt, wird sich auch in dir und dem Gegenüber manifestieren.

„Erwachen" bedeutet, reine Klarheit mit dem Körper zu erfühlen. Das bedeutet, dass du über den Geist Buddhas verfügst, wenn deine Muskeln und Sehnen so angeordnet sind wie die Muskeln und Sehnen Buddhas. Zazen zu üben bedeutet, sich auf diese Weise mit dem Universum auf gleiche Wellenlänge zu bringen, und das bedeutet wiederum, das eigene Barometer, das am Verrücktspielen war, zurück zum exakten Funktionieren zu bringen.

Was du als Mensch darstellst, hängt von der Spannung und Ordnung deiner Muskeln und Sehnen ab. Erwachen bedeutet, das richtige Gleichgewicht in der Spannung von Muskeln und Sehnen zu erfühlen. Wozu Muskeln und Sehnen ordnen? Frag nicht wozu, tue es einfach! Tue es mit dem Körper. Wenn der Körper sein natürliches Gleichgewicht erreicht, ist dies das Erwachen.

Wieso ist Zazen so erhaben? Weil das Universum erhaben ist. Die kosmische Ordnung ist erhaben. Zazen bedeutet einfach, der kosmischen Ordnung zu folgen. Wenn wir uns in diesem Körper mit dem Universum vereinigen, dann manifestiert sich das in der erhabenen Form des Zazen. Was könnte es deshalb Großartigeres für einen Menschen geben, als Zazen zu üben?

Die Übung des Zazen selbst ist erhaben.

Es ist unerklärbar, warum die Haltung des Zazen so erhaben ist. Ein Priester saß in Zazen, als sich der sechsjährige Bengel von nebenan in die Tempelhalle schlich. Erschreckt lief der Junge nach Hause und sagte zu seiner Mutter: „Mama, der Priester im Tempel hat sich in einen Buddha verwandelt!"

Wer auf Zazen vertraut, muss eins werden mit Zazen. Eins-Sein bedeutet den Geist des Vertrauens.

Ich vertraue darauf, dass Zazen eins ist mit diesem Sawaki. Zazen ist Sawaki, Sawaki ist Zazen. Dazwischen gibt es nicht die kleinste Lücke. Das ist gar nicht so einfach. Gewöhnlich denkst du in Zazen an das Mädchen, das dir gerade auf der Straße begegnet ist, oder an sonst irgendetwas. Doch eigentlich ist Zazen so hoch und unbeweglich wie der Berg Fuji. Zappel deshalb nicht so herum, und schlaf auch nicht ein in Zazen! Wenn ich sitze wie ein Stein, dann zieht Zazen den Sawaki ganz an sich und saugt ihn auf. Das bedeutet *Samadhi*, und das ist mein wahres Selbst.

Lass dich nicht hängen in Zazen. Sei quicklebendig, wenn du sitzt. Dein Zazen ist nutzlos, wenn du nicht so konzentriert bist wie einer, der ganz allein in die Reihen des Feindes vorprescht.

Bei der Übung des *Shikantaza* gibt es nichts hinzuzufügen. Denn *Shikantaza* allein erfordert bereits unsere ganze Kraft. *Shikantaza* ist unser Atem. Wir atmen nicht, um Satori zu bekommen. Da gibt es keinen „Zweck", da ist nur das Zazen, das mit Leib und Seele geübt wird. Das bedeutet nichts anderes als „einfach zu sitzen".

Samadhi bedeutet, das Selbst, für das es keinen Ersatz gibt, zu ergreifen, es bedeutet, eins mit dem gegenwärtigen Augenblick zu werden. Wichtig ist, dass wir dieses *Samadhi* unser ganzes Leben lang fortsetzen. Gestern Zazen, heute Zazen. Tagein, tagaus, Jahr für Jahr Zazen üben. Auf diese Weise werden wir vertraut mit uns selbst in Zazen, und dieses Zazen zu ergreifen bedeutet nichts anderes, als uns selbst zu ergreifen.

Pass auf, dass du nicht eine Art von Rausch, in dem du dich selig und geborgen fühlst, mit gläubigem Geist verwechselst. Du fühlst dich gut während Zazen? Glaub ja nicht, dass dieses „gute Gefühl" während Zazen *Samadhi* ist! Das ist die gleiche Illusion, die du hast, wenn du dich irgendwie ganz selig und geborgen fühlst. Die wahre Buddhalehre beginnt an dem Punkt, an dem du aufwachst aus diesem Rausch. Für die „Geistlichen" stellt dieser Rausch allerdings eine nicht unbedeutende Geldquelle dar. Deshalb würde von denen auch keiner auf die Idee kommen, das zu sagen, was ich hier sage.

Was du für „Erhabenheit" hältst, ist nur eine Art von Rausch. Mit der Buddhalehre, die ich hier predige, will ich dir helfen, aus diesem Rausch aufzuwachen. Kein Wunder also, dass ich dir nicht „erhaben" vorkomme.

Den Geist des Glaubens zu haben bedeutet, über das unterscheidende Denken hinauszugehen und dich nicht von deinen Meinungen und Wünschen an der Leine herumführen zu lassen. Mit anderen Worten: Es bedeutet, an das zu glauben, was du WIRKLICH bist.

Du lässt dir ständig selbst etwas vor der Nase baumeln: Fabrikationen deines Bewusstseins. Hör auf mit diesen albernen Spielereien. Du musst einmal ganz aus dir herausgehen und dich aus den Augen der Welt betrachten. Sieh dich mit den Augen des Berges an: Der Berg lobt dich nicht, der Berg tadelt dich nicht, und der Berg streckt dir auch nicht die Zunge heraus.

Der Mond schaut dir zu: Wo auch immer du dich auf dieser Welt zu verstecken versuchst, deine Geheimnisse werden ans Licht kommen

Wenn du dir der Vergänglichkeit bewusst bist, wird dein Leben über Ernst und Strenge verfügen. Du wirst aufhören damit, die Zeit totzuschlagen und dir selbst etwas vorzulügen. Sich selbst nichts vorzulügen bedeutet, ein religiöses Leben zu führen: Ohne doppelte Moral, transparent, eins mit dem Universum.

Der Geist des Glaubens ist reiner Geist, transparenter Geist, ein Geist, der so klar wie der Himmel ist.

Zazen bedeutet, sich selbst durchsichtig zu werden. Nirgends wirst du so gnadenlos mit dir selbst konfrontiert wie in Zazen. Du wirst all das an dir sehen, was du lieber nicht gesehen hättest. Je reiner dein Zazen ist, desto durchsichtiger wirst du dir werden. Je durchsichtiger du dir wirst, desto deutlicher werden dir deine schmutzigen Seiten vor Augen kommen. Nur wenn du dich wirklich selbst erkennen willst, praktiziere Zazen.

Du musst Zazen inmitten deiner Illusionen praktizieren. Zazen wirft das Licht der Wahrheit auf dich selbst, der du verloren bist in der Irre. Inmitten deiner Illusionen bist du umfangen von Buddha, und je deutlicher du Buddha siehst, desto deutlicher wirst du auch erkennen, wie tief du dich in deine Illusionen verstrickt hast und wie erbärmlich du dein Leben wirklich lebst. Glauben bedeutet, sich schweigend über sich selbst klar zu werden.

Überlege dir einmal, welchen Einfluss es auf dein Handeln hätte, wenn dir Gott bei all deinem Tun zuschauen würde. Über eine Religion zu verfügen bedeutet, dem eigenen Leben auf diese Weise scharf ins Auge zu sehen. Betrachte dich einmal aus den Augen Gottes: Du wirst Reue fühlen.

Reue bedeutet, sich selbst vollkommen zu verleugnen und ganz ohne Ego zu sein. Auf diese Weise wirst du mit dem Universum verschmelzen. Das heißt, nahtlos mit Buddha verbunden zu sein.

Zu beten bedeutet nicht, Gott um einen Platz im Paradies zu bitten oder auf so etwas wie „Satori“ zu warten. In einem wirklichen Gebet ist jener Bettler in deinem Herzen, der dich ständig am Ärmel zupft und um dies oder das bittet, vollkommen verschwunden. Ein Gebet darf nicht deine persönlichen Wünsche und Hoffnungen zur Wurzel haben. Die Wurzel eines echten Gebetes ist die Wurzel, die du mit all den zehntausend Dingen im Himmel und auf der Erde teilst. Dieses Gebet verbindet dich nahtlos mit dem Grenzenlosen, so wie ein weißer Reiher, der sich im Schnee niederlässt.

Wenn wir uns in Verehrung vor dem Buddha niederwerfen, dann betrachten wir den Buddha dabei nicht als ein Gegenüber, an den wir unsere Bitten richten. Die wirkliche Verehrung, die wir dem Buddha entgegenbringen, muss sich in unserem täglichen Leben ausdrücken: Wir müssen Buddha in unserem Bauch tragen. Das heißt, dass du mit Buddha verschmelzen musst, und dann darf es weder „dich“ noch „Buddha“ geben.

Wenn zwei Menschen den Kopf voreinander senken, dann bedeutet das, dass sie ihrem Ego eine kleine Pause geben. Umgekehrt heißt das aber auch, dass wir unserem Ego eine Pause geben müssen, um wirklich unseren Kopf vor jemandem zu senken. Die beiden, die sich auf solche Weise voreinander verbeugen, sind in diesem Augenblick nahtlos miteinander verbunden. Sowohl der, der sich verbeugt, als auch der, der die Verbeugung entgegennimmt, gehen weit über den Rahmen ihrer Normalbürger-Gefühle hinaus.

Das wichtigste am Leben ist, es mit Respekt zu leben. Selbst deine Familienprobleme werden sich auflösen, wenn du nur einmal zehn Tage lang versuchst, den anderen Respekt zu zollen.

Den Geist des Glaubens zu besitzen bedeutet, eine Pause einzulegen. Alle Welt heult Tränen oder lacht sich eins, da musst du mal eine kleine Pause machen.

Es kommt nur deshalb zu Konfrontationen, weil du auf deinem eigenen Standpunkt beharrst. Wenn du aufhörst, an der Idee von „dir selbst“ festzuhalten, dann werden sich auch alle deine Probleme auflösen. Denn Nicht-Geist *[mu-shin]* zu besitzen, bedeutet einfach, von sich selbst abzusehen. Es gibt kein Problem in deinem Leben, das sich nicht löst, sobald du von dir selbst absiehst.

35. Dein Sturz beginnt, sobald du dich vom Universum als Ganzem trennst

Mit deiner ständigen Quengelei zerknirschst du dich nur selbst. Es wird Zeit, dass du die Runzeln in deinem Herzen ausbügelst und dich einfach hinsetzt für eine halbe Stunde: Mach reinen Tisch mit allem! Dann wirst du im Lichte der ursprünglichen Wahrheit deinem wirklichen Gesicht begegnen.

Das Geheimnis der japanischen Kampfkünste besteht darin, sich nicht vom eigenen Verstand hinters Licht führen zu lassen. Die Vollendung der Kampfkunst stellt es dar, wenn sich dein Geist durch die perfekte Balance von Spannung, Tiefe und Ernst nicht die geringste Blöße gibt und deine eigenen Schwingungen mit denen des Universums genau übereinstimmen. In einem solchen Moment gibt es nicht den geringsten Spalt zwischen Himmel und Erde, und du bist ganz du selbst. Mit einem Wort: Du bist in *Samadhi*.

Hier in der Zazen-Halle hängt eine Kalligraphie, auf der geschrieben steht: „Die Laube mit Ausblick auf das Universum". Du musst hier die gesamte kosmische Landschaft in den Blick bekommen. Das bedeutet, dass du selbst innerhalb des Universums verschwindest. Deshalb ist es wichtig, dass du dich vergisst. Wenn du deine eigenen Angelegenheiten für das Wichtigste überhaupt hältst, wirst du dich von der Totalität der Dinge lösen und auf den Grund der Hölle stürzen. Dein Sturz beginnt in dem Moment, in dem du dich vom Universum als Ganzem trennst. Nur weil du dich weigerst einzusehen, dass dich nichts vom ganzen Universum trennt, kommen dir deine Privatangelegenheiten so wichtig vor.

Das Licht Amitabha Buddhas erleuchtet Himmel und Erde. Was wirft hier einen Schatten? Nur dein ehrgeiziges Bemühen, dir die Erleuchtung zu eigen zu machen!

„Der Heilige verfügt über kein Selbst, den es gibt keinen Ort, der getrennt von ihm selbst wäre. Er teilt dieselbe Wurzel mit Himmel und Erde, sein Körper ist der Körper der zehntausend Dinge" (Jo Hoshi). Alle Welt freut sich über solche schönen Worte. Wichtiger als das ist aber, dich erst einmal von all den Normalbürger-Ansichten zu lösen, die dich von der Realität der Dinge trennen. Du musst deinen Dickkopf ordentlich durchkneten, um zu einem geraden und flexiblen Geist zurückzukehren.

Zazen zu praktizieren bedeutet, auf dein persönliches Selbst zu verzichten. Während Zazen nimmst du Urlaub von deinen Privatangelegenheiten. Nur wenn du aufhörst damit, dich mit deinen Privatangelegenheiten zu beschäftigen, wirst du einsehen, dass du eins bist mit dem Universum. Solange du das nicht einsehen willst und dir nur um deinen eigenen Fleischsack Sorgen machst, werden dir alles Geld der Welt, all deine Studien und selbst Jahrzehnte von Zazen-Praxis nicht weiterhelfen.

Die leidenden Wesen laufen den Dingen hinterher, ohne sich selbst zu erkennen. Der Irrtum, dass die Dinge getrennt von uns existieren – darin besteht unsere Illusion. In Wirklichkeit sind alle Dinge im Universum nahtlos miteinander verbunden. Da ich eins bin mit dem Universum, ist alles, was mir begegnet, eine Form meiner selbst.

Ohne Ego zu leben *[muga]* bedeutet, sich selbst zu vergessen. Die Naht zwischen dir und den Dingen verschwindet und das, was du für „dich selbst" hieltest, dehnt sich grenzenlos aus.

Betrachte die Welt einmal von einem Standpunkt aus, der 180 Grad verschieden von deinem alltäglichen ist. Das bedeutet, die Wellenlänge deines Körpers auf die des Universums umzuschalten. Lebe mit dem Universum, stirb mit dem Universum. Wenn du eins mit dem Universum bist, bedeutet deine Geburt nicht wirklich deine Geburt, und dein Tod ist nicht wirklich dein Tod.

Wir können uns der Tatsache, dass wir eins mit dem Universum sind, weder bewusst werden, noch können wir sie verstehen. Doch unser Leben fest verankert in dieser Tatsache zu leben ist die größte Aufgabe, die wir als Menschen haben.

Die Tatsache, dass du dieselbe Wurzel mit den zehntausend Dingen der Welt teilst, wird nicht zu einem Gegenstand deines Bewusstseins. Wenn das zu einem Gegenstand deines Bewusstseins werden könnte, dann würdest du damit aus der Einheit herausfallen, du würdest dich selbst aus den Dingen entwurzeln. Uns fehlt bloß ein anderer Ausdruck für die Tatsache, dass wir so sind, wie wir sind.

Das Licht der Weisheit ist nichts, was du wahrnehmen könntest. Denn deine Wahrnehmung selbst ist das Licht der Weisheit.

Dein wahres Selbst ist kein Teil deines Bewusstseins. Wenn du dir deiner selbst bewusst bist, dann bist du das nur, weil du dich mit den anderen vergleichst. Aber so, wie du dir nicht bewusst bist, dass du schläfst, so bist du dir auch deines wahren Selbst nicht bewusst. Nur, weil du es nicht sehen oder verstehen kannst, heißt das nicht, dass du nicht eins damit sein könntest. In Zazen bist du wirklich eins mit dir selbst.

Subjekt und Objekt, ich und du, Zazen und Satori: All diese Gegenstände unseres unterscheidenden Denkens haben nichts mit Zen zu tun. Es geht darum, dass du vollkommen eins wirst mit Zazen.

Eins zu sein in Zazen heißt, dass du selbst dich selbst durch dich selbst zu dir selbst machst. Deshalb darfst du Zazen nicht zu einem Objekt deines Bewusstseins machen. Zu behaupten, du hättest Satori gehabt oder dich auf diese oder jene Weise verändert, klingt so, als wolltest du sagen: „Guck mal, wie tief ich gerade schlafe!“ Als ich einmal beim Frisör eingeschlafen war, sagte mir später ein Junge, ich hätte ein süßes Gesicht, wenn ich schlafe. Das wollte ich dann mit eigenen Augen sehen und beschloss, einen Spiegel neben mein Bett zu stellen, so dass ich im Schlaf einen versteckten Blick auf mein Gesicht werfen könnte. Ich musste feststellen, dass das nicht funktioniert. Wenn du wirklich schläfst, dann denkst du nicht, dass du schläfst; du bist eins mit dem Schlaf.

Wie viele Satori du auch haben magst, mach dir nicht die Mühe, sie dir ins Gedächtnis einzuprägen. Du musst die Blüten, die vom Baum fallen, dem Wind überlassen, und du musst es dem Lied des Vogels erlauben, in den Wolken zu verschwinden.

Zazen ist die natürlichste Sache der Welt. Satori ist vollkommen transparent, da gibt es nichts zu greifen.

Wenn du Zazen praktizierst, dann darf da noch nicht einmal ein Rest von Zazen übrig bleiben. Es ist wesentlich, dass die Praxis selbst in deiner Praxis verschwindet. Wenn sich der Geschmack von „Zazen“ ganz aufgelöst hat, ist deine Praxis endlich natürlich, nüchtern und ganz bei Sinnen.

Dass die Dinge so sind, wie sie sind, bedeutet, dass es im Universum nicht die kleinste Fabrikation und nicht die geringste Ausschmückung gibt.

Die Buddhas und Patriarchen haben nicht Zazen praktiziert. Die Buddhas und Patriarchen wurden von Zazen praktiziert. Dieser Punkt ist wichtig: Du darfst nicht Zazen machen. Du musst von Zazen gemacht werden. Du weißt nicht wieso, aber Zazen macht es einfach. Zazen macht Zazen, und du kannst es nicht verhindern.

Zazen macht reinen Tisch mit allem. Doch das sehen wir nicht mit unseren Augen, das sehen wir mit den Augen von Zazen. Für die Welt, die du mit den Augen des Zazen siehst, gibt es keine Worte: Sie ist die wahre Welt. Auch das Selbst, das du mit den Augen des Zazen siehst, entzieht sich jeder Beschreibung: Es ist dein wahres Selbst.

Du sagst: „Wenn ich versuche, Zazen zu praktizieren, dann kommen mir all diese störenden Gedanken in den Kopf!" Woher kommt es denn, dass du diese „störenden Gedanken" überhaupt erkennst? Das liegt daran, dass sich in Zazen der Blutandrang senkt und du endlich einen klaren und nüchternen Kopf bekommst!

Wer sich selbst für einen guten Menschen hält, ist in Wirklichkeit keiner. Wer sich für einen schlechten Menschen hält, ist dagegen nicht so schlecht. Deshalb ist es nicht weniger als ein Beweis von geistiger Klarheit, wenn du deine Illusionen als solche erkennst. Darüber hinaus gibt es keine Illusionen mehr zu tilgen und auch keine Wahrheit zu erstreben.

Du beklagst dich über deine Gedanken während Zazen. Aber ist es nicht ganz natürlich, dass du dir dein ganzes Leben lang Gedanken machst? Es ist nicht nötig, diese Gedanken für „störend" zu erklären und zu versuchen, sie zu tilgen. Es ist auch nicht nötig, diese Gedanken für etwas besonders Wichtiges zu halten. Lass diese Gedanken einfach so sein, wie sie sind. Wenn sie kommen, lass sie kommen. Du darfst bloß nicht nach ihnen greifen, um einen Gedanken aus dem nächsten fortzuspinnen; so wirst du dich nur in deinen Gedanken verlieren. Wenn du nur damit aufhörst, werden sich deine Gedanken von alleine wieder auflösen. Wenn sich ein Gedanke auflöst, taucht sofort der nächste auf. Solange du dich aber nicht mit ihnen beschäftigst, verschwinden alle deine Gedanken, ohne irgendwelche Spuren zu hinterlassen. Wie aus dem Nichts heraus erscheinen dann neue Gedanken an der Oberfläche deines Bewusstseins. Sitz einfach in Zazen, indem du kommen lässt, was kommt, ohne dich damit zu beschäftigen. Nur Zazen erlaubt es dir wirklich, dich nicht damit zu beschäftigen.

Zazen ist transparent, deshalb erscheinen deine Illusionen hier in so klarem Licht.

Wenn du mit klaren Sinnen in Zazen sitzt, muss alles genau so sein, wie es ist. Du musst den Lärm auf der Straße noch viel klarer hören als sonst. Du lebst dein Leben nicht im Koma, und es darf deshalb keinen Grund geben, irgendetwas aus deinem Bewusstsein auszuschalten zu wollen.

Sitz einfach in Zazen und lass alles genau so kommen, wie es kommt. Was ist es denn, was da kommt? Ist es nicht die stinknormale Landschaft deines täglichen Lebens? Wenn dein Zazen wirklich das Zazen aller Buddhas ist, dann muss der Inhalt dieses Zazen die Gesamtheit der leidenden Wesen sein.

Wenn du Zazen praktizierst, gehen dir tausend Gedanken durch den Kopf, aber das ist nur ein Beweis, dass dein Hirn arbeitet und du noch am Leben bist. Es ist weder eine Illusion noch eine tiefe Wahrheit, es ist die selbstverständlichste Tatsache, die es gibt. So wie die weißen Wolken, die ihres Weges ziehen, hat dein Geist keinen Ort, an dem er verweilen könnte.

Vierundachtzigtausend Gedanken entstehen und vergehen: Das bedeutet, dass dein Körper – ganz ohne dein Zutun! – seinem Geschäft nachgeht, ohne seine Tätigkeit auch nur für einen einzigen Augenblick zu unterbrechen. Deshalb bist es nicht wirklich „du", der diese Gedanken „hat", und es ist dein Irrtum, wenn du glaubst, dass das „deine Gedanken" sind, mit denen du nun irgendetwas anstellen musst. Um diesem Irrtum zu entgehen, befasse dich einfach nicht mit den Gedanken. Die Haltung deiner Praxis ist richtig, wenn du die Gedanken einfach sein lässt. Dann wirst du verstehen, dass das Entstehen und Vergehen der vierundachtzigtausend Gedanken nichts weiter als die natürliche Funktion deines Körpers in jedem Augenblick ist. Du verdankst es diesem Funktionieren, dass du in diesem Augenblick am Leben bist, und deshalb ist jeder einzelne Gedanke nichts anderes als das Licht der Wahrheit.

Du glaubst, dass dein Zazen zu nichts taugt, denn: „Soviel ich auch Zazen praktiziere, es will mir einfach nicht gelingen, mich von meinen störenden Gedanken zu befreien!" Wenn du dir ständig den Kopf darüber zerbrichst, wie du deine „störenden Gedanken" loswerden kannst, dann ist es kein Wunder, dass du dich nicht von diesen Gedanken befreien kannst: Der Gedanke *[nenso]*, sich von den Gedanken zu befreien *[munen-muso]*, ist ja selbst ein Gedanke.

Wenn du dir beim Sitzen Gedanken darüber machst, ob dein Geist denn in Ordnung ist, so wie er ist, und ob diese Praxis nun wirklich Satori ist oder nicht, dann bedeutet das, dass du überhaupt kein Vertrauen in Zazen hast. Was auch immer während Zazen in deinem Geist vorgehen mag, es spielt keine Rolle – sitz einfach! Sitz einfach in absolutem Vertrauen auf Zazen, ohne dich auch nur im Geringsten mit diesen Gedanken abzugeben.

Manche beklagen sich über ihre Illusionen während Zazen und sagen, dass ihnen die Praxis noch unklar sei. Aber da gibt es nichts zu erklären: Der Buddha-Dharma ist genau das, was dir Normalbürger „unklar" vorkommt.

Von außen betrachtet ist an Zazen nichts auszusetzen. Aber wenn du dein Zazen von innen betrachtest, kommt es dir nicht so gut vor. Du glaubst, dass da noch etwas fehlt. Du fragst dich, ob du wirklich richtig sitzt. Und das ist gut so, denn du müsstest verrückt sein, wenn du glaubst: „Mein Zazen ist prima, so wie es ist!"

Deshalb sagt ja auch Dogen Zenji: „Wenn der Dharma deinen Körper und Geist ganz ausfüllt, dann merkst du, dass noch etwas fehlt" *(Genjokoan).*

Zazen bedeutet, mit deinem Normalbürger-Leib den Buddha zu manifestieren. Aber dessen musst du dir nicht bewusst sein. Ein Buddha, dessen du dir bewusst bist, existiert nur in deinem Normalbürger-Bewusstsein.

Sitz als der, der du ursprünglich bist. Vergiss all das, was du dir in diesem Leben angewöhnt hast. Dein Karma spielt in Zazen keine Rolle. Die Befreiung, die Zazen darstellt, ist die Befreiung von deinem Karma.

37. Verschwindest du in Zazen? Oder übst du Zazen für dich selbst?

[Letzte Worte an Uchiyama Kosho Roshi:] Unsere Schule ist die Schule des Zazen. Solange du fortfährst, selbst Zazen zu praktizieren, und solange du andere mit deiner Praxis vorwärts ziehst, kannst du gar nicht fehlgehen.

Zazen bedeutet, im Vertrauen auf die Haltung und Struktur des Körpers einfach zu sitzen. Das ist der wunderbare Dharma, den wir *Shikantaza* nennen.

Glauben bedeutet, über sich selbst Klarheit zu erlangen. Wenn du den Krug mit dem trüben Wasser fest hinstellst, dann wird sich der Dreck bald setzen. Das gilt auch für deine Illusionen während Zazen: Du hast diese Illusionen, und da ist auch gar nichts dabei. Wichtig ist nur, dass du ganz du selbst bist. Lass dich von nichts und niemandem an der Nase herumführen. Sitz einfach stabil an deinem Platz, und deine Illusionen werden sich ebenfalls setzen.

„Jemand, der solange Zazen praktiziert hat wie Sie, muss ja über ganz spezielle Hirnwellen verfügen!" Warum? Jemand, der heute zum ersten Mal Zazen praktiziert, praktiziert trotzdem dasselbe wahre Zazen. Im Alter verschlechtert sich dein Zazen sogar: Das Zubehör, das Schaden nimmt, lässt sich nicht mehr reparieren.

Wo manifestiert sich der Buddhaweg? Ist es nicht unsere Praxis des Zazen? Die reine Tatsache unseres Sitzens? *Shikantaza,* einfaches Sitzen, muss das Abfallen von Körper und Geist sein, muss wahre Gelassenheit sein.

Du kannst Zen nicht „machen". Es gibt keinen Namen dafür, es gibt nur den Inhalt: einfach sitzen. „*Namu amida butsu*" [15] – das Anrufen alleine genügt.

Was bedeutet es, Satori zu haben? Es bedeutet, die eigene Wellenlänge auf die des Universums umzuschalten, es bedeutet, das Leben nahtlos verbunden mit dem Universum zu leben. Diese nahtlose Verbundenheit ist es, die wir auf dem Buddhaweg „Erlösung" nennen.

Du musst dir ganz klar darüber werden, dass du verbunden bist mit dem Universum. Du lebst das Leben des Universums. Deshalb musst du auch alles, was du tust, verbunden mit dem Universum tun.

Was bedeutet es, eins zu sein mit dem Universum? Mit einem Wort: „Nicht-Denken!"

Deine Illusion besteht darin, dass du glaubst, getrennt vom Universum zu existieren. Sich keine Illusionen zu machen bedeutet, deinem Ego keinen Glauben zu schenken und das kosmische Prinzip zu akzeptieren. Deshalb sage ich immer: „Hör auf zu quengeln!"

Der Nicht-Geist[16] beschwert sich nicht über die Notwendigkeit der Ereignisse.

Denke einmal vom Standpunkt des Todes über die Dinge nach. Ein Toter macht sich keine großen Gedanken. Alle Probleme lösen sich auf, wenn du aufhörst, dir den Kopf zu zerbrechen.

[15] Anrufen des Namens Amitabha Buddhas.

[16] *Mushin,* auch: freier Geist.

Zazen bedeutet, in den eigenen Sarg zu steigen: Da gibt's nichts mehr zu diskutieren. Wenn du sitzt, stell dir vor, du seist schon tot.

Die Menschen haben Angst vor der Langeweile. Verzweifelt versuchen sie, die Zeit totzuschlagen, immer auf der Suche nach etwas „Interessantem". So vergeuden sie ihr ganzes Leben wie Kinder, die ständig nach einem neuen Spielzeug betteln. Dabei vergessen sie, was für eine wunderbare Sache diese Langeweile ist: Wie lang ist doch die Zeit des Lebens, das du in Zazen verbringst?

Ein Tag, den du in Zazen verbringst, ist länger als gewöhnlich: „Der Berg ist so still wie die Ewigkeit, der Tag so lang wie der eines Kindes." Während der Kindheit ist ein Tag lang. Im Alter vergeht ein Jahr wie im Flug. Wenn du die Zeit auskosten willst, praktiziere Zazen! Ein Tag in Zazen ist nie kurz. Denn in Zazen wird das ewig Neue – „Der Tag ist so lang wie der eines Kindes" – umfangen von dem ewig Alten – „Der Berg ist so still wie die Ewigkeit".

In der Zeitung habe ich gelesen, dass dem Piloten Iinuma, der mit seinem kleinen Kamikaze-Modell nonstop bis nach London flog, diese vier Tage und Nächte länger als die zwanzig Jahre seines bisherigen Lebens vorgekommen seien. Das ist interessant. Ich kann mir vorstellen, durch wie viele Sorgen und Nöte er da durch musste, und wie reich und erfüllt diese Zeit dafür gewesen sein muss.

Die Leute hören auf mit Zazen, weil es sie langweilt. Richtig, Zazen weckt keinen Ehrgeiz beim Normalbürger.

In unserer Schule bedeutet Zazen nicht die Vorbereitung auf Satori. Wir üben einfach Zazen. Dafür ist nichts weiter notwendig. Du brauchst keinen Bleistift und kein Papier mitzubringen. Du kannst auch dein Satori und deine Illusionen zuhause lassen. Bring überhaupt nichts mit zum Zazen! Zazen bedeutet einfach zu sitzen, das ist alles. In diesem einfachen Tun liegt eine unbegrenzte Weite, doch weil es da keine Süßigkeiten für die Menschen zu finden gibt, ziehen die schnell weiter.

Du musst in der Zazen-Halle sterben. Dieser Ort wird auch die „Halle des vertrockneten Baumes“ genannt. Wenn wir hier gemeinsam sitzen, ist das wie ein Wald aus abgestorbenen Bäumen.

Eins zu sein mit Raum und Zeit bedeutet, so zu leben, als ob du schon tot wärst. Es bedeutet, alles loszulassen. Wenn du dein Leben in vollem Ernst leben willst, musst du dein Ego töten.

Löst du dich auf in Zazen? Oder übst du Zazen nur für dich selbst? Damit gibst du die Antwort auf die Frage, ob dein Zazen echt ist oder nicht.

Buddhismus ist ansteckend: Shakyamuni steckte Mahakashyapa an, Mahakashyapa steckte Ananda an, und so wurde der Dharma von Generation zu Generation übertragen, bis er auch mich infizierte. Man kann es auch als einen Stromstoß bezeichnen, der weitergeleitet wird. Wichtig ist nur, dass deine Frequenz stimmt: Wenn deine Knie beim Zazen in der Luft schweben oder du das Kinn hängen lässt, wirst du die elektrische Spannung nicht zu spüren bekommen. Wenn du die Frequenz dagegen richtig einstellst, wirst du bemerken, dass du Shakyamuni bist und dass Shakyamuni du selbst ist.

Was ist Religion? Das Umschalten deiner Wellenlänge auf die von Buddhas und Patriarchen. Die Wellenlänge auf Satori einstellen: Das bedeutet es, Zazen zu praktizieren.

Die Übertragung des Dharma jenseits von Worten erfolgt durch das Umschalten der Wellenlänge. Du musst umschalten auf deine eigene Identität, die unübertroffen im ganzen Universum ist. Dann wirst du deine Aktivität gemeinsam mit dem gesamten Universum entfalten.

Die Übertragung des Dharma bedeutet, dass du dich selbst in der Lehre des Meisters entdeckst. Dich selbst zu entdecken heißt gleichzeitig, dich selbst zu erfinden.

Was die „Übertragung des Dharma“ genannt wird, ist keine Handelsbeziehung zwischen zwei Individuen. Der Dharma muss das ganze Universum ausfüllen. Deshalb wird gesagt, dass die Übertragung des Dharma die Erlösung von sämtlicher Illusion bedeutet. Das Universum platzt aus allen Nähten, so voll ist es von leidenden Wesen. Warum leiden wir überhaupt? Offenbar nicht, weil es uns Spaß macht. Wir leiden, und das ist alles. Dieses Leiden ist das Leiden des Universums, es ist kosmisches Leiden. Aber das gleiche gilt auch für Satori. Auch Satori füllt das ganze Universum, deshalb sind Satori und das Leiden wie zwei Seiten einer Münze. Auf der einen Seite der Normalbürger, auf der anderen der Buddha. Man kann auch sagen, dass die Buddhas die leidenden Wesen auf den Schultern tragen und – wie Nishiari Bokuzan Zenji einmal meinte – selbst Shakyamuni und Amitabha gerade erst mit der Übung angefangen haben.

Ein Normalbürger, der sich selbst entdeckt hat, ist kein „Normalbürger“ mehr. Denn der Inhalt jedes Normalbürgers ist ein Buddha. Aber ein Buddha ist nicht einfach ein „Buddha“. Der Inhalt jedes Buddha ist ein Normalbürger. Buddha und der Normalbürger sind eins und verschieden, verschieden und eins. Trennen kannst du sie nicht.

Im *Samadhi* gibt es weder den Normalbürger noch gibt es Buddha noch gibt es eine Naht zwischen Normalbürger und Buddha. Deshalb wird gesagt, dass alle Dinge im Himmel und auf Erden dieselbe Wurzel haben. Das bedeutet aber nicht, dass du aufhörst zu existieren.

Den Buddhaweg zu gehen bedeutet, die Wellenlänge deines Körpers und deines Egos umzuschalten auf die des Universums und in nahtloser Verbindung mit allen Buddhas zu praktizieren. Das nenne ich „Transparenz". Man könnte hier auch von dem ewigen Leben sprechen, das über das Leben und den Tod der Individuen hinausgeht. Du musst inmitten der Vergänglichkeit etwas entdecken, das sich in aller Ewigkeit nicht verändert.

„Vergiss das Sehen, vergiss das Verstehen!" (Oka Sotan Roshi). Wenn die Naht zwischen Normalbürger und Buddha verschwindet, bleibt nichts übrig außer Zazen. Hierin liegt die wirkliche Bedeutung des Buddha-Werdens. Zazen behauptet nicht, dass es Satori sei, und Zazen ist sich auch des Satori nicht bewusst – deshalb ist Zazen Satori.

Was „Satori" genannt wird, ist das Einswerden mit sich selbst in Verbindung mit dem gesamten Universum. Du bist verbunden mit allen Buddhas und Göttern. Wenn du jetzt aber sagst, dass du „Satori" hast, während ein anderer es noch nicht hat, dann gehst du damit deinem Fleischsack [Körper als Symbol der eigenen Identität] auf den Leim. Wenn du deine Wellenlänge auf die des Universums umschaltest, wird sich das Bewusstsein, dass du Satori hast, auflösen. Auf diese Weise wirst du dich endlich aus den Stricken dieses Fleischsacks befreien.

Zen ist das Vertrautwerden mit dir selbst. Du machst dich selbst durch dich selbst zu dir selbst. Das wird ein Buddha genannt: Einer, der vollkommen zu sich selbst geworden ist.

Zen bedeutet, zu dir selbst zurückzukehren. Wenn davon die Rede ist, einen Schritt zurück zu machen, so ist damit gemeint, einen Blick auf sich selbst zu werfen. Zazen ist eine vollkommen neue Lebensperspektive.

In Zazen musst du mit dir selbst vertraut werden. Wenn du mit dir selbst vertraut wirst, werden alle Dinge im Universum zu einem Teil deiner selbst. Vernachlässigen wir dieses Vertrautwerden mit uns selbst nicht gewöhnlich?

Hier geht es nicht um dein von Schimmel überwachsenes persönliches Selbst. Es geht um dich selbst, der du nahtlos mit dem Universum verbunden bist. Das heißt, dass du gleichzeitig mit allen Buddhas und mit allen leidenden Wesen verbunden sein musst. Nach dir selbst auf diese Weise zu suchen bedeutet, das Herz des Weges zu besitzen. Das Herz des Weges sieht ein, dass „ich" und „du" nicht getrennt voneinander ist.

Zu glauben bedeutet, in Zazen mit sich selbst vertraut zu werden und diese Klarheit über sich selbst in die Praxis des Alltags umzusetzen.

Nur sitzen: So einfach ist es, dem allerneuesten Selbst beizupflichten.

Den Buddhaweg zu praktizieren bedeutet, so zu tun, als ob du Buddha seist. Du musst Buddha so perfekt imitieren, wie du nur kannst. Ein Problem entsteht allerdings, wenn du die Buddhalehre als Mensch verstehen willst. Denn dann wirst du versuchen, selbst die Buddhalehre zu etwas Menschlichem zu machen. Du wirst glauben, dass deine Imitation Buddhas deine eigene menschliche Leistung ist, die dir einen entsprechenden Nutzen einbringen wird. So etwas nennt man eine „Zen-Krankheit".

Die Bogensehne loslassen, um die Zielscheibe zu treffen – das hat mit Zazen nichts zu tun. Denn in Zazen stellt das ganze Universum die Zielscheibe dar, es ist unmöglich, sie zu verfehlen. Dafür bekommst du dann aber auch keine Packung Zigaretten, nur weil du das Ziel getroffen hast.

„Bringt es mir was? Oder bringt es mir doch nichts?" Lass ab von dieser Geisteshaltung und sitz einfach.

„Aus tiefem *Samadhi* heraus die Buddhas in den zehn Richtungen betrachten" *(Lotus-Sutra)*. Hierbei geht es nicht nur um die Tiefe des *Samadhi*. Es geht auch darum, dieses *Samadhi* in die Praxis umzusetzen. Es geht aber auch nicht bloß um Praxis. Es geht auch um die Tiefe des *Samadhi*, aus dem diese Praxis kommt. Deshalb ist es nicht genug, sich einfach nur auf das Grundprinzip der Lehre zu stützen. Wir müssen aufhören, uns an unser Ego zu klammern, und uns in reines *Samadhi* versenken. Einfach in Zazen sitzen. Das bedeutet Tiefe. Doch wenn wir uns dabei nur in Pose werfen, um irgendetwas zu erreichen, dann ist das kein tiefes *Samadhi*, sondern bloß äußere Form ohne Inhalt. Wir dürfen nichts hinterherlaufen und auch vor nichts zurückschrecken.

Meister Eckhart sagt, dass der wahre Gott dort ist, wo selbst kein Gott mehr ist. Was tun wir, wenn wir Zazen üben? Überhaupt nichts. Wenn wir während Zazen irgendeiner Nebenbeschäftigung nachgehen, machen wir Zazen zu etwas sehr Kleinem. Nur wenn wir überhaupt nichts tun, füllen wir damit das ganze Universum aus. Das ganze Universum auszufüllen bedeutet umgekehrt, auf diese Weise überhaupt nichts zu tun.

Dass wir in der Lage sind, überhaupt nichts zu tun, beweist, dass wir das ganze Universum ausfüllen. Das gilt nicht nur in diesem Augenblick. Das gilt ewig.

Im *Sansuikyo*-Kapitel des *Shobogenzo* spricht Dogen Zenji von „Nachrichten aus einer Zeit, die vor endlosen leeren Äonen einer ewigen Vergangenheit liegt". Diese Vergangenheit, der wir nicht einmal einen Namen geben können, ist geschmacklos und transparent, einsam und still, unbegrenzt weit, lang und fern. In die Praxis umgesetzt, bedeutet sie: Zazen.

Einsame Stille herrscht nur dort, wo du gemäß der Lehre einfach Zazen übst, ohne die kleinste Abweichung. Da gibt es dann nicht die geringste Erwartung von irgendetwas, keine spirituellen Überraschungen. Von Anfang an spielt es überhaupt keine Rolle, ob das etwas bringt oder nicht. Nichts könnte einfacher sein als das, aber gleichzeitig gibt es auch nichts, was dich in größere Unruhe versetzt. Ständig fragst du dich, ob mit deinem Zazen auch alles stimmt. Selbst die Schüler Dogen Zenjis schienen Schwierigkeiten zu haben, dieses ganz reine Zazen, von dem wir gar nichts zurückbekommen, zu verstehen.

Du übst Zazen, und das ist alles. Jede einzelne Handlung ist – als diese eine Handlung – genau diese eine Handlung. Das ist alles.

Shikantaza bedeutet, mit einem Eimer ohne Boden Wasser aus dem Brunnen zu schöpfen.

Wenn wir hören, wir müssten einfach nur Zazen machen, um Buddha zu sein, dann hört sich das so einfach an, dass wir plötzlich ganz aufhören mit der Praxis. Dadurch lästern wir über unsere eigene Praxis. Wenn wir dagegen anfangen, stolz zu sein auf das, was wir praktizieren, dann beschmutzen wir unsere Praxis ebenfalls. Deshalb müssen wir bei unserer Übung genau aufpassen auf das, was wir tun. Wir neigen stets dazu, unsere eigenen Wege zu gehen und uns vom Strom unserer schmutzigen Neigungen treiben zu lassen. Das macht *Shikantaza* so schwierig. Doch genau diese Übung ist *Shikantaza*.

Ich habe oft zugehört, wenn Meister Murata Seisho, der mit Shichiri Osho in Hakata übte, auf seine anmutig stille Weise den Namen Buddhas anrief. Er ermahnte die anderen dann immer: „Ihr steckt noch nicht richtig drin! Euer *Nenbutsu* ist zu seicht!“ Er meinte, dass die anderen Übenden Buddhas Namen nicht mit ihrem ganzen Leib anriefen. Wenn du den Namen Buddhas kraftlos und schlaff anrufst – hunderttausend Mal *„Nanmandabu, nanmandabu“* –, dann hat das nichts mit dem Land Buddhas zu tun.

Deine Praxis des *Shikantaza* darf nicht oberflächlich sein. Du musst bis ans Ende gehen, alles ausschöpfen. „Einfach sitzen“ bedeutet nicht, einfach nur so herumzusitzen. Dein ganzes Leben muss davon abhängen, dass die Richtung deiner Praxis stimmt.

Dein Zazen darf keine halbe Sache sein. Kein Mittel zum Zweck. Zazen muss deine Welt sein. Wenn du den Weg bis ganz ans Ende gehst, kehrst du heim an diesen Ort, hier und jetzt, ganz du selbst.

Zazen ist einfach nur Zazen. Zazen selbst ist das Ziel, das andere Ufer [Nirwana], der höchste Wert. Es geht nicht darum, zum Buddha zu werden.

40. Du willst Gesundheit und ein langes Leben? Du musst krank sein!

Für mich ist die Gestalt des Zazen selbst der lebendige Buddha. Mit welcher Rohmasse ist diese Gestalt des Zazen gefüllt? Da ist nichts anderes als der Mensch Sawaki. Ich verwende diesen Normalbürger-Leib, um gemeinsam mit Shakyamuni Buddha und allen Bergen, Flüssen, Bäumen und Gräsern Zazen zu üben. Der Geist des Menschen Sawaki ist wie ein wilder Affe und sein Herz so wie ein verrücktes Pferd, genauso wie der Geist und das Herz aller anderen lebenden Wesen. Deshalb vermag es Zazen, gemeinsam mit mir alle anderen Wesen zu retten.

Das größte Geschenk, das du allen Buddhas in den drei Welten machen kannst, ist deine Übung des Zazen. Zazen zu üben bedeutet, alle lebenden Wesen zu erlösen. Der Inhalt deines Zazen muss also die Erlösung aller Wesen sein. Eine Periode in Zazen zu sitzen bedeutet, sowohl nach oben nach Wahrheit zu streben als auch nach unten zur Erlösung aller Wesen zu eilen.

Wenn wir in Zazen sitzen, bedeutet das auch, die ganze Gesellschaft mit diesem Zazen voranzuziehen. Alle lebenden Wesen zu retten bedeutet, dass ich in Zazen sitze.

Es soll Leute geben, die mein Zen „Normalbürger-Zen" nennen. Mit „Normalbürger-Zen" habe ich überhaupt keine Probleme. Der Buddhaweg ermöglicht es nämlich dem Normalbürger, den gleichen Weg zu beschreiten wie Shakyamuni Buddha. Es ist die Praxis dieses Weges, an die wir glauben.

Heutzutage wünscht sich alles Gesundheit und ein langes Leben. Doch zu welchem Zweck willst du eigentlich gesund sein und lange leben? Merkst du nicht, dass dein Wunsch nach langem Leben selbst wie eine Krankheit ist? Ein langes Leben oder Gesundheit allein bedeuten mir gar nichts. Nur um den Buddhaweg gehen zu können, wünsche auch ich mir, lange zu leben und gesund zu sein.

Was willst du eigentlich in Wirklichkeit? Vielleicht lohnt es sich, dir einmal darüber Gedanken zu machen. Wenn du einfach nur so in den Tag hinein lebst und frisst, was dir vor die Nase kommt, ohne dir je solche Gedanken zu machen, dann ist dein Leben kein echtes Leben. Nur durch Religion wirst du an das gelangen, was du dir als Mensch letztendlich wünschst. Was ist dieses Letztendliche? Ich nenne es: Zazen.

Ich will, dass die ganze Welt Zazen übt. Und zu diesem Zweck esse ich mein tägliches Brot.

Unser Geist ist ständig in Bewegung. Er ist weder quadratisch noch rund, er lässt sich überhaupt nicht fassen. Trotzdem ist es dieser rastlose Geist, mit dem wir unser Gelübde [alle lebenden Wesen zu retten] leisten, und dieses Gelübde zieht uns unser Leben lang weiter. Irgendwann trägt das Gelübde dann seine Früchte.

Wenn du übst, ohne ein Gelübde zu leisten, ist das so, als wenn du auf einem Motorrad ohne Lenkstange fahrst. Du hast kein Gleichgewicht. Wenn du etwas Gutes tust, solltest du es nicht nur aus einer Laune heraus tun. Unsere Übung muss auf der Grundlage des Gelübdes fundiert sein.

Wenn in deinem Geist der Entschluss zum Gelübde reift, spielt Alter oder Jugend keine Rolle. Buddhismus ist eine Religion des Gelübdes. Wenn du dich wirklich zum Gelübde entschließt, wird es auch seine Früchte tragen.

Wenn du wirklich weißt, was du tun musst, wirst du dafür auch dein Leben einsetzen. Wenn du einmal die Richtung kennst, wird nichts mehr deinen feurigen Drang bremsen können.

Das Gelübde zu leisten bedeutet, wirkliche Ruhe des Geistes zu haben. Ohne Gelübde wirst du der Verführung nicht widerstehen können. Mit Gelübde hast du den notwendigen geistigen Spielraum, um souverän zu bleiben.

Deine Aufgabe ist groß: Du musst dir darüber klar sein, dass du dir die ganze Menschheit auf die Schultern lädst. „Für die Erde ist mein Leben notwendig, wie könnte die Welt auskommen ohne mich?“ So groß und fest muss dein Selbstbewusstsein sein.

Uns geht es ums Universum, um die Ewigkeit. Und sonst um nichts. Mit den Hüften fest auf dem Boden sitzend – das ist unbeweglicher Geist.

Buddhadharma bedeutet, dass wir Menschen das Feuer einstellen. Dass wir aufhören, das eine fortzuwerfen, um nach dem anderen zu greifen, das eine zu hassen, während wir das andere lieben. Buddhadharma ist die Welt, in der wir nichts nach- und vor nichts davonlaufen müssen. Da gibt es keinen Zwang, irgendetwas zu tun, Das heißt natürlich nicht, dass wir uns auf die faule Haut legen können. Wir setzen unser Leben ein, aber wenn wir mit Leib und Seele ganz leben, dann finden Leib und Seele wahre Ruhe.

Zazen ist ganz transparent und geschmacklos, deshalb ist es so schwer zu erklären. Da gibt es nichts anzupreisen, aber gerade deshalb rufe ich es mit großer Stimme heraus. Nichts ist schwieriger, als sich für das einzusetzen, was eigentlich gar nichts ist. Darum musst du ein echter Mann sein, wenn du das transparente und geschmacklose Zazen verbreiten willst.

41. Alle Buddhas stecken tief in der Illusion, die leidenden Wesen befinden sich auf dem Gipfel erleuchteter Weisheit

Der Gemeindevorsteher meines Tempels sah eine Gruppe von Mönchen beim Betteln und sagte: „Noch nie ist mir etwas von so reiner Klarheit begegnet!" Nichts ist so rein und sauber wie die Praxis des Bettelns. Wenn du fünf Kinder zu ernähren hast, setze ihnen fünf Mönchshüte auf und nimm sie mit zum Betteln!

Nach einem Gelübde *[Seigan]* zu leben bedeutet nicht, andere nach der Nase des eigenen Ideals tanzen zu lassen. Mach dich nicht über die anderen lustig, sondern versuche lieber, dich einmal in deren Haut zu versetzen. Was ist schon dabei, wenn einer kitschige Porzellanfiguren sammelt?

Auf dem Buddhaweg darfst du nicht versuchen, besser als die anderen zu sein. Denn selbst wenn du besser bist als die anderen, was bedeutet das schon? Du musst dich einlassen auf das Leiden aller Wesen. Einer, der nur sich allein aus dem Leiden befreit, ist wie eine Leiche. Buddha wohnt unter den Menschen.

Ich bin wie ein Chamäleon: Wenn ich im Zug sitze, trage ich eine grimmige Miene, damit mich die Kinder nicht beim Nickerchen stören. Ihr könnt euch vorstellen, was die für ein überraschtes Gesicht machen, wenn ich ihnen dann beim Aussteigen freundlich zulache und sage: „Eine schöne Reise noch!"

Im *Kannongyo*[17] ist die Rede von Avalokiteshvaras Predigt in dreiunddreißig verschiedenen Gestalten. Diese Gestalten sind nicht irgendwelche Göttergestalten. Buddhas und Bodhisattvas nehmen die Gestalt der leidenden Wesen an. Auch du solltest dich nicht von den anderen getrennt halten, nur weil du nichts mit dem Gruppenwahn der Menschen zu tun haben willst. Mitgefühl bedeutet, die menschlichen Gefühle um dich herum vollkommen zu verstehen. Wenn ein Kind weint, musst du es trösten. Ein Buddha muss die Dinge auch durch den Rahmen der leidenden Wesen sehen können. Soviel Spielraum sollte deine Lebenspraxis haben.

Nur wenn du restlos verschwunden bist, kann von großem Mitgefühl die Rede sein. Solange da auch nur eine Spur von dir selbst übrig ist, hat das mit Mitgefühl nichts zu tun.

Selbst wenn es dir nur ums Geldverdienen geht, ist es wichtig, dass du deine Mitmenschen verstehst. Wenn du jemandem etwas erklären willst, brauchst du erst mal eine Menge Intuition: Nur wenn du den Rahmen verstehst, in dem dein Gegenüber die Dinge sieht, wirst du sie ihm so erklären können, dass er dich verstehen kann.

Erziehung ist die Wechselwirkung zwischen den Herzen.

Lerne nicht für die Prüfung. Lerne, weil es Spaß macht. Lerne, weil du wirklich lernen willst. Die Aufgabe der Lehrer muss es sein, die Schüler auf diese Art des Lernens aufmerksam zu machen.

[17] Sutra des Bodhisattva Avalokiteshvara.

Wenn du jemanden ausschimpfst, darfst du in deinem Herzen nicht wirklich wütend sein. Du musst immer über den Spielraum verfügen, im nächsten Moment wieder zu lachen. Immer, wenn ich jemanden andonnere, lache ich dabei in meinem Herzen.

„Ich gelobe, alle leidenden Wesen zu erlösen, bevor ich selbst zur Erlösung gelange“ *(Shobogenzo Hotsubodaishin).* Da es aber gar nicht möglich ist, jemandem zu helfen, wenn du nicht selbst die Buddhalehre verstanden hast, bedeutet das letztlich, dass wir gemeinsam mit allen anderen praktizieren müssen.

Die Buddhas der drei Welten tragen die leidenden Wesen auf den Schultern; deshalb stecken sie tief in der Illusion. Die leidenden Wesen werden von den Buddhas auf die Schultern genommen; so befinden sie sich auf dem Gipfel erleuchteter Weisheit. In Wirklichkeit gibt es aber keine Buddhas außer den leidenden Wesen, und keine leidenden Wesen außer den Buddhas.

Großes Mitgefühl bedeutet, nahtlos mit den Menschen verbunden zu sein.

Angenommen, du stirbst, weil du alles von dir für die anderen gegeben hast. Ist das wirklich so schlimm? Wichtig ist nur das Herz, das nichts für sich selbst zurückerwartet.

Für mich bedeutet das Mönchsleben einen Verlust: Ich bin Mönch geworden, um diesen Leib für die Buddhalehre zu opfern.

Es gibt Priester, die hocken den ganzen Tag in ihrem Tempel, rauchen Zigaretten und warten darauf, dass jemand stirbt, damit sie die Beerdigung erledigen können. Als Schüler Buddhas darfst du das Priesterleben nicht als ein Geschäft missverstehen. Du musst mit dem Geschäftemachen aufhören. Ist das nicht die Bedeutung des Weges der Buddhas und Patriarchen? Wenn du zur Beerdigung gehst, um den Hinterbliebenen ein Geldgeschenk zu machen und zu predigen, dann ist da nichts einzuwenden. Dagegen ist es unredlich, wenn du für deine Predigten bezahlt werden willst.

Der Normalbürger macht sein ganzes Leben lang ein großes Theater um sein Ansehen, seine Vorlieben, seine Karriere und was ihm so gerade schmeckt. Stets schnüffelt er herum wie ein Hund, in der Hoffnung, irgendwo ein kleines Schnäppchen zu machen. Doch was bringt das schlussendlich? Nichts! Wenn du wirklich verstehst, dass es nichts bringt, gibt es nichts weiter zu suchen. Du findest Ruhe in Zazen, dem Abfallen von Körper und Geist.

Du machst Zazen? Du musst von Zazen gemacht werden!

Wenn sich ein Mensch erholen will, muss er bei seiner Arbeit eine Pause machen. Eine Arbeitspause einzulegen bedeutet, Urlaub vom Mensch-Sein zu nehmen. Es bedeutet aufzuhören, ein Normalbürger zu sein. Wenn du eine Pause vom Normalbürgertum nimmst, bist du ein Buddha. Deshalb versteht es sich von selbst, dass Buddha kein Ansehen bei den Normalbürgern hat.

Die Buddhalehre ist unvergleichlich. Sie hat nichts mit dem zu tun, was Normalbürgern so Spaß macht. Das, was die Menschen am allerwenigsten mögen, ist die Buddhalehre.

Zazen bringt nichts. Zazen ist kein Werkzeug der Menschen. Die Werkzeuge der Menschen werden von Menschen wieder zerstört. Das Ewige dagegen gibt sich nicht mit den Menschen ab.

Ruf Buddhas Namen nicht in der Hoffnung auf Almosen an. Wenn du Buddhas Namen anrufst, muss es gut für nichts sein.

Wir müssen Leib und Seele für das geben, was gut für nichts ist. Nichts übertrifft das, was gut für nichts ist. Nur das, was gut für nichts ist, ist absolut. Wenn du aber versuchst, etwas daraus zu machen, wird gar nichts daraus.

Alles in der Welt verursacht Kosten. Nichts gibt es umsonst. Deshalb leuchtet es uns auch nicht ein, wenn wir etwas ganz umsonst machen sollen. Nichts erfordert einen größeren Entschluss, als eine Sache ganz umsonst zu tun.

Wenn wir den Buddhaweg so üben, als wollten wir damit etwas anhäufen, dann vergrößern wir damit nur unser Ego.

„Einfach tun“ *[shikan]* bedeutet nichts weiter als einfach zu tun. Einfach reden, einfach in Zazen sitzen, einfach vespern. Einfach tun bedeutet, zu leben, ohne sich von der Lohntüte verrückt machen zu lassen.

Jemand fragte mich: „Geht es dir wirklich darum, alle Lebewesen aus der Irre zu erlösen?“ Ich tue einfach das, was hier und jetzt getan werden muss. Ob das etwas mit Erlösung aus der Irre zu tun hat oder nicht, das ist eine Frage, zu der andere später einmal ihren Senf abgeben werden. Ich tue jetzt einfach nur das, was wirklich getan werden muss. Weder für die Gesellschaft noch für sonst irgendetwas. Ich tue es aus einem Geist heraus, der nicht fragt, was es bringt.

Alles, was du tust: Tue es einfach, umsonst! Wenn du dich um andere kümmerst, tue es einfach, umsonst. Wenn du betest, tue es einfach, umsonst.

Echtes Verstehen bedeutet, nicht über Verdienste nachzudenken. Es bedeutet, einfach diesen Leib fortzuwerfen und sich Buddha zu überlassen.

Wenn ein Mensch sich fortwirft für den Dharma, dann ist dabei kein Zaudern und Zögern im Spiel. Wenn du alles, einschließlich der letzten Hülle, fortwirfst, sitzt du gerade und einfach, ohne zu zaudern und zu zögern.

Im Buddhismus geht es uns um die Frage, wie wir dieses Leben auf die bestmögliche Weise leben können. Es geht darum, ein Leben zu führen, das wirklich lebenswert ist. Wie können wir mit diesem Körper, der jederzeit sterben kann, eine Aufgabe erfüllen, die ewige Früchte trägt?

Ständig verschanzt du dich hinter deinem Ego. Du betrachtest die Dinge nur vom Standpunkt deines Egos aus, deshalb siehst du alles falsch. Selbst wenn du dich vor Buddha verbeugst, stimmt da etwas nicht. Selbst wenn du Zazen machst, machst du es falsch.

Die Dinge, die wir uns angelernt haben, versperren uns nur den Blick. Wenn ich nicht aufpasse, fange auch ich an, „Mönchsgewohnheiten" zu entwickeln. Was mir mein Meister oder die älteren Schüler beigebracht haben – wenn es zu einer „Mönchsgewohnheit" wird, nimmt es mir die Freiheit.

„Schau dir mal diesen fetten Bonzen an!" Der Grund, weshalb die Mönche so viel hohles Gerede von sich geben, ist einfach, dass sie sich keine Sorgen um ihre täglichen Brötchen machen müssen. Was willst du mit deinem Leben wirklich anfangen: Das ist keine kleine Frage. Welchen Sinn hat das Leben? Warum überhaupt leben? Pass auf, dass du nicht schon am Verrecken bist, wenn dir diese Fragen durch Mark und Bein dringen!

Sei vorsichtig, sonst fängst du noch an zu glauben, dass dein Körper – so wie er ist – der Leib von Buddha und Dharma ist. Dein „Dharma-Leib“ ist nur eine leere Theorie. Oder wo sind die zweiunddreißig Kennzeichen deiner Buddhaschaft? Und wo hast du deinen Heiligenschein? Das bedeutet jetzt allerdings nicht, dass du erst durch Praxis zum Erweis der Buddhaschaft gelangst. Wenn du das glaubst, hängst du wiederum an deiner Idee von „Praxis“ fest. Wie gut deine Praxis auch sein mag, dein Problem dabei ist, dass du deine „gute Praxis“ nie vergisst.

Es heißt, dass es nicht den geringsten Unterschied zwischen jedem Einzelnen von uns und Buddha gibt. Ich frage mich: Ist da wirklich nicht der geringste Unterschied? Nein, wie könnte es je einen größeren Unterschied geben! Du fragst, was dich von Buddha unterscheidet? Das, was du mir dir herumträgst: Männer glauben, dass sie „Männer“ sind, Frauen glauben, dass sie „Frauen“ sind. Hier liegt die Wurzel der Illusion.

Hör auf, intellektuelle Unterschiede zu machen. Es ging Shakyamuni Buddha nur darum, uns das unterscheidende Denken abzugewöhnen. Zu viele von uns verschwenden die Zeit ihres Lebens damit, Unterschiede zu machen. Wir verbringen das ganze Leben in der Welt unseres intellektuellen Wissens, das uns nicht wirklich in Fleisch und Blut übergeht.

Von morgens bis abends taumelst du umher zwischen Freude und Leid, und die Beschäftigung mit deiner persönlichen Stimmung macht alles nur noch schlimmer: Mit deinen Gedanken über Leben und Tod treibst du dich schließlich selbst tiefer und tiefer in die Sackgasse. Das Problem von Leben und Tod ist eine psychologische Fallgrube, es existiert nur in deinen Gedanken. Auch wenn du dir einredest, dass du durch die Lösung dieses Problems dem Kreislauf von Leben und Tod entfliehen kannst, so ist diese Lösung, an die du denkst, doch nur eine Lösung innerhalb deiner Gedanken, und der Gedanke, das Problem von Leben und Tod lösen zu wollen, ist selbst nicht mehr als ein Bestandteil des Problems an sich.

Du glaubst, dass du dich von deinem ehrgeizigen Streben gelöst hast – und hältst nun genau an dieser Idee hartnäckig fest. Du glaubst, dass du Schluss gemacht hast mit deinen Illusionen – und machst dir so nur eine Illusion mehr. Ständig bleibt da etwas, das du nicht aus der Hand geben willst. Du musst diese Trennung aufheben, und auch deinen Geist, der glaubt, „aufzuheben", musst du aufheben – und selbst das Aufheben noch aufheben. Im Buddhadharma kommst du deshalb nie an ein Ende.

Die Weisheit der Buddhas ist eine Kraft, die ihre Wurzel in Zazen hat. Sie erscheint dann, wenn du all die hartnäckigen Begriffe und Vorstellungen in deinem Geist loslässt. Du musst dies loslassen und das loslassen, alles vollkommen loslassen, und an dem Ort, wo sich dein Normalbürger-Geist ganz aufgelöst hat, manifestiert sich die Weisheit Buddhas – nicht kraft deiner Ideale und Ideen, sondern kraft deiner Praxis des Zazen.

Es geht hier um eine innere Kehrtwendung. Du musst in deinem Innersten neu geboren werden, um dich von deinem Ego zu lösen. Das ist nicht unmöglich. Vielleicht reicht es nicht für lange Zeiträume; dann löse dich wenigstens für den Augenblick von deinem Ego. Praxis bedeutet, das Ego in jedem Augenblick von neuem loszulassen.

Hingebungsvolle Praxis hat nichts mit dem zu tun, was die Leute „in die Hände spucken" nennen. Es bedeutet auch nicht, dass wir uns den Kopf zerbrechen. Es bedeutet einfach, sich hinzugeben an Zazen. Da gibt es nichts zu gewinnen. Versuche auch nicht, deine Hausaufgaben während Zazen zu lösen.

Wenn du die eine große Sache deines Lebens fest in den Griff bekommst, dann wirst du keinen Groll empfinden, selbst wenn dir jemand den Kopf abhackt. Das muss das Ziel deiner Praxis des Zenweges sein. Den wirklichen Wert deines Lebens wirst du erst zu schätzen wissen, wenn du auf diese Weise Zazen übst.

„Verfügt selbst so jemand wie ich über die Buddhanatur?" Red kein dummes Zeug, du Tölpel, merkst du nicht, dass du dich längst inmitten der Buddhanatur befindest?! Wenn du mitten in Zazen aus deiner Illusion aufwachst, stellt sich die Frage nach Buddhanatur nicht mehr: In Zazen wird dein ganzer Körper durchdrungen von Zazen, wer würde daran je zweifeln? Wenn du dich richtig mit Reiswein betrinkst, ist dein ganzer Körper, bis auf die letzte Zelle, „breit". Oder hast du da immer noch Zweifel?

Der Buddhaweg reicht dir vom Scheitel bis zur Sohle. Wenn du dich in *Samadhi* befindest, wirst du spüren, wie der Buddhaweg jede einzelne Zelle deines Körpers durchdringt.

Alle Werke, die Dogen Zenji verfasst hat, sind Protokolle seiner Zazen-Praxis. Wenn du das *Shobogenzo* liest, musst du es aus derselben täglichen Praxis heraus betrachten.

Dogen Zenji traf auf Nyojo Zenji und vergewisserte sich, dass *Shikantaza* und *Shinjin-datsuraku* [das Abfallen von Körper und Geist] allein genug sind – kein Bedarf an irgendetwas anderem. Shinran Shonin und Honen Shonin bedienten sich lediglich der Praxis des *Nenbutsu* und sonst nichts weiter. So wie Dogen Zenji hatten auch sie die Lehren der Tendai- und Shingon-Schulen gründlich studiert, doch sie machten nicht den geringsten Gebrauch davon. Das ist wichtig: Wenn es dir um Wahrheit geht, reicht es, einer Sache ganz auf den Grund zu gehen; alles andere ist überflüssig.

Das Ziel deines Lebens muss es sein, zur Wahrheit zu gelangen. Über alles andere brauchst du dir keine großen Sorgen zu machen.

Zu welchem Zweck isst du eigentlich dein tägliches Brot? Nur weil du Hunger hast? Tust du auch sonst einfach das, wozu du gerade Lust hast? Du bist wie ein kleines Kind! Du musst dir klar darüber sein, warum du eigentlich lebst, warum du dein Brot isst. Genau ein Ziel musst du klar vor Augen haben. Egal was du tust, du musst es für diesen einen Zweck tun. Tue, was immer du kannst, und wenn du ans Ende [des Lebens] gelangst, dann bist du eben ans Ende gelangt. Du brauchst nur eine einzige Aufgabe, für die es sich lohnt, einfach und still – ohne jeden unnötigen Lärm – dein Leben einzusetzen.

Wenn wir *Shikantaza* praktizieren, dürfen wir nicht auf unserem angehäuften Wissen sitzen bleiben. Trotzdem ist es beim Sitzen wichtig, die Bedeutung und den Inhalt von *shikan* [einfach] genau zu verstehen. Und um das *Shobogenzo* zu lesen, musst du erst einmal die Yogacara-Philosophie kennen. Wenn ein Laie das *Shobogenzo* liest, ohne sich in der Yogacara-Philosophie auszukennen, ist er so wie einer, der mit Reis handelt, ohne über eine Waage oder einen Messbecher zu verfügen.

Als ich noch jung war, hat mir das Studium des Buddhismus eine Menge Kopfschmerzen bereitet. Der Buddhismus erschien mir als so schwierig, weil ich ihn so verstand wie ein Ernährungswissenschaftler das Kochen: Wenn wir wissenschaftlich exakt analysieren wollen, wie viel Salz und Vitamine in einem Gericht sind, wie viel Kalorien es hat, wie das Gericht zubereitet werden muss, damit die Vitamine nicht verloren gehen und so weiter, dann machen wir uns selbst nur Schwierigkeiten. Der Grund, weshalb der Buddhismus heutzutage vor die Hunde geht, liegt darin, dass alle ihn nur unter dem Gesichtspunkt der Nährstoffanalyse betrachten, ohne jemals selbst davon zu essen. Mir reicht der einfache Geschmack, tagein, tagaus. Die tote Hülse der Wissenschaft interessiert mich nicht.

In Japan haben die Handwerker neun- oder zehnjährige Jungen, die sie als ihre Handlanger und Laufburschen einsetzen. Wenn die dann einmal fünfzehn oder sechzehn sind, bekommen sie endlich einen Hobel in die Hand. Weiter bekommen sie nichts beigebracht, doch wenn sie nicht wissen, wie sie mit dem Werkzeug umgehen sollen, heißt es: „Oi! Was machst du denn da? Wo hattest du denn deine Augen bis heute?" In einem Zen-Tempel ist es genauso. Da wird nicht viel über Buddhismus geredet, da wird gedrillt.

Sich der Übung zu widmen ist etwas anderes, als über die Übung nachzudenken. Ich rede zum Beispiel oft über die Gesichtszüge, weil mich Form interessiert. Ich glaube, dass Form von größter Wichtigkeit ist. Ich glaube, dass die Form des *Gassho*, der Verbeugung, und des Zazen selbst von den Buddhas vor Shakyamuni bereits von einem zum anderen weitergegeben wurde. Sich der Übung zu widmen bedeutet, mit Haut und Haaren in diese Form überzugehen.

„Wenn die Form stimmt, stimmt auch der Inhalt." In einer richtigen Einstellung drückt sich ein richtiger Geist aus. Deshalb ist es notwendig, dass wir unsere Einstellung gegenüber dem sich täglich ändernden Leben anhand der Praxis von Zazen überprüfen und von morgens bis abends an dieser unserer Lebenseinstellung feilen.

Ein Mönch braucht die Lebenseinstellung eines Mönches, ein Lehrer die eines Lehrers. Du darfst dir da keine Blöße geben. Schmiede deine eigene Einstellung im Stehen, Gehen, Sitzen und Liegen. Verliere dich nie aus den Augen.

Theorie zählt nicht. Vielleicht lassen sie sich dabei ja von den Koan an der Nase herumführen, aber im Rinzai-Zen sitzen die Mönche wenigstens zwanzig oder dreißig Jahre lang tatsächlich auf ihren Kissen. Dieses Leben macht keine Zugeständnisse an die Welt, da werden keine Kompromisse mit der Gesellschaft der Menschen geschlossen. Die Praxis dieser Mönche wirkt wirklich professionell. Verglichen damit erscheinen mir die Mönchsgelehrten der Soto-Schule wie Schmierenkomödianten: Ihre Theorien gehen nicht unter die Haut.

Wenn du den buddhistischen Gelehrten von heute ihre Geschichtswissenschaft, Archäologie und Philologie wegnimmst und sie dann einmal ordentlich abklopfst, wirst du feststellen, dass sie vollkommen hohl sind.

Nur geistige Tiefflieger begeistern sich für das, was in Büchern steht. Du musst lernen, die Wirklichkeit von deinen Hirngespinsten zu unterscheiden. Wenn du liest, lese dich selbst, erschaffe dich selbst. Du bist erst dann wirklich du selbst, wenn du alle Theorie hinter dir gelassen hast.

Wissen über Buddhismus anzuhäufen ist eine gefährliche Sache: Du glaubst, allem mit Worten beikommen zu können. Noch bevor diese Worte einen Inhalt für dich gewinnen, hast du schon eine Doktorarbeit mit ihnen verfasst, oder die Leute geben dir ihr Geld für deine „Dharmareden".

Die Worte der etablierten Religionen sind wie Konservendosen ohne Inhalt, ein schlechter Notbehelf.

Wissenschaftler reden ihr ganzes Leben über nichts anderes als Buchstaben. Dabei klauben sie so eifrig in diesen Buchstaben, dass sie schließlich sterben, bevor deren Inhalt irgendeine Bedeutung für ihr eigenes Leben gewinnt. Das liegt daran, dass sie zu viel nachdenken und unterscheiden. Es ist ihnen unmöglich, eine Sache rein und direkt zu verstehen, also zum Beispiel Zazen durch Zazen selbst zu klären.

Wie hervorragend eine Philosophie auch sein mag: Alles, was sich ein Mensch ausgedacht hat, wird ein anderer mit seinen Gedanken wieder über den Haufen werfen. Wir können den Dingen nicht mit unseren Worten und Gedanken beikommen. Worauf es ankommt ist, sich vollkommen nackt an den Ort zu begeben, der unbewegt bleibt, wenn alles andere zusammenstürzt.

Erwachter Geist [*Bodhi*-Geist] bedeutet, alle anderen zu retten, bevor du selbst gerettet wirst. Doch wenn du nur darüber redest, die anderen retten zu wollen, während du noch nicht einmal deinen Sitzplatz im Bus abtrittst, schweben deine Worte bloß in der Luft.

Jemand fragte mich einmal: „Glaubst du nicht auch, dass der Buddhismus die größte Lüge aller Zeiten ist?“ Klar, das, was die buddhistischen Mönche so von sich geben, ist genauso dahergelogen wie das, was in Büchern steht. Warum? Weil da Leute über Nirwana reden, die es selbst nie erlebt haben, und andere sich über das große Erwachen nach dem geistigen Tod auslassen, obwohl sie selbst die Augen fest geschlossen halten. Überhaupt scheinen religiöse Menschen gerne über Dinge zu schweifen, die mit ihrem eigenen Leben nichts zu tun haben. Das gilt auch für all die berühmten Sutren: Ohne Praxis sind sie bloß große Lügen.

Du willst einen Kuchen essen? Selbst wenn du mit lauter Stimme „Kuchen“ rufst, wird deshalb noch keiner vom Himmel fallen. Unsere Worte und Begriffe unterscheiden sich von der Realität. Im Zen geht es um diese Realität; nicht darum, über sie nachzudenken, sondern darum, sie in den Griff zu bekommen – um sie dann frei auszudrücken.

Wenn die Menschheit endlich zurückkehrte zu ihrer wahren Natur, dann würden sich alle ihre Probleme lösen. Doch bis heute dreht sich alles nur ums Geld, Ficken und Fressen – das reinste Tollhaus!

Auf dem Buddhaweg geht es darum, das eigene Leben zu erschaffen. Dafür gibt es keine erklärenden Worte. Es ist das, was das Leben eines Mönches ausmacht. Die Worte müssen dem ständig neu erschaffenen Leben des Mönches selbst entspringen.

Religion beginnt mit Wissenschaft und hört mit Kunst auf. Religion besteht nicht aus Amitabha Buddha allein.

„Nur Gott weiß, ob der Herbst Regen bringen wird oder Sturm. Heute will ich mein Bestes geben beim Unkrautjäten im Reisfeld." Sich einfach um den Reis kümmern, ohne zu murren: Diese hingebungsvolle Praxis ist es, die wir das Freisein vom Denken *[munen-muso]* nennen. Dabei brauchst du dir keine Sorgen um die Zukunft zu machen, und du musst auch nicht mit deinen Taten von gestern prahlen.

Ein Samurai, der seinen Samurai-Geist nie verliert, drückt damit Nicht-Denken aus. Der Koch steht in der Küche und kocht, und jeder tut das seine an seinem Platz.

Sei ganz du selbst. An jedem Ort, zu jeder Zeit, musst du fest den Boden unter den Füßen haben, und nicht einen einzigen Augenblick deines Lebens darfst du verschwenden. Wenn du du selbst bist, dann bist du Buddha.

Du darfst noch nicht einmal Shakyamuni etwas nachmachen. Du musst dein Leben täglich neu erfinden. Dein heutiger Tag muss sich grenzenlos ausdehnen. Mach ihn nicht zu einer Kopie deiner Gedanken von gestern. Deine Gedanken von heute müssen vollkommen frei sein.

[Über die Erleuchtungserfahrung Reiuns beim Anblick von Pfirsichblüten:] Was ist die eine wichtige Sache deines Lebens? Wenn die Blätter der Gedanken abfallen und die Blüten der Illusion fortgeweht werden, dann gibt es nichts mehr, dem du nachlaufen oder vor dem du davonlaufen müsstest. Frei von deinen Präferenzen und Gedanken stellst du überrascht fest, dass das eine Wichtige, das du die ganze

Zeit so verzweifelt gesucht hattest, nur eine Illusion war, die sich spurlos aufgelöst hat. Nichts bleibt übrig. Da siehst du plötzlich die Pfirsichblüten vor dir, und diese Blüten füllen das ganze Universum aus. Das ganze Universum ist erfüllt von der einen wichtigen Sache deines Lebens! So sehr einer auch mit Händen und Füßen um sich schlagen mag, es wird ihm nicht gelingen, aus dieser einen Sache herauszufallen.

Die eine große Sache deines Lebens bekommst du nicht von deinen Eltern und auch nicht von deinem Meister geschenkt: In den Pfirsichblüten entdeckst du diese eine Sache. Diese eine Sache geht über dein Leben und deinen Tod hinaus: Die Pfirsichblüten blühen!

Das pausenlose Kommen und Gehen von Gedanken und Gefühlen in jedem Augenblick, das ist nichts, was du selbst steuern könntest. Dieses Kommen und Gehen geschieht unabhängig von unserem Willen, deshalb können wir unser Leben so leben, als seien wir längst tot: ohne dem Satori nach- oder der Illusion davonzulaufen. Wir brauchen uns nichts herbeizuwünschen, und wir brauchen uns auch vor nichts zu fürchten. Es gibt überhaupt nichts, das wir tun müssten. Absolut nichts. Dieses „absolut nichts“ ist unsere Wirklichkeit, und deshalb leben wir so, als seien wir tot.

Atmen wir denn immer bewusst? Bringen wir unser Herz bewusst zum Schlagen? Nein, unsere Lunge und unser Herz funktionieren ganz von allein, ohne unser Zutun. Also hindert uns auch nichts, dieses Leben frei von Gedanken zu leben.

Du selbst bist die Wahrheit. Deshalb darfst du nicht damit sparen. Himmel und Erde sparen nicht mit der Wahrheit.

Ob wir es wollen oder nicht, das *Lotus-Sutra* bestimmt unser Leben. Deshalb nimmt dieses Leben tausend verschiedene Formen an: Die Berge und Flüsse sind unser Leben, Geburt und Tod sind unser Leben, Gewinn und Verlust, Freude, Leid und die Suche nach ein bisschen mehr von allem sind alle Aspekte der Wirklichkeit unseres Lebens. Und nichts davon können wir zu einer Privatangelegenheit erklären.

Unser Bewusstsein wird allein von unserem Karma bestimmt, deshalb ist auf unsere Präferenzen kein Verlass. Wichtig ist, frei von Gedanken zu sein; das heißt, wirklich frei zu denken *[hishiryo]*.

Was bedeutet es, „Satori zu haben“? Es bedeutet, überhaupt nichts zu haben, sondern sich vielmehr ganz loszulassen. Dann sind die Berge und Flüsse, Raum und Zeit alle Ausdruck von Satori.

Satori beginnt da, wo du aufhörst, danach zu suchen.

Du siehst die Buddhalehre wie durch einen Zerrspiegel. Wenn du frei von Gedanken bist, bedeutet das, dass du die gefärbten Brillengläser von der Nase nimmst und die Welt aus Zazen heraus betrachtest, ohne deine menschlichen Meinungen auch nur im Geringsten damit zu vermischen. Das bedeutet es, wenn „Körper und Geist abfallen“.

Frei von Gedanken zu sein bedeutet, in jedem Moment ganz gegenwärtig zu sein. Es bedeutet: Aufmerksamkeit für diesen Augenblick.

46. Du hast für deine Geburt nichts bezahlt – und willst jetzt sogar noch Geld zurück haben?

„Wir üben Zazen mit dem Ziel, Satori zu haben, nicht wahr?" Dummes Zeug! Willst du selbst für Zazen noch Trinkgeld haben? Wenigstens Zazen solltest du einfach und umsonst tun.

Wenn man mich fragt, wofür Zazen gut ist, sage ich, dass es gut für nichts ist. Dann heißt es: „Wenn es gut für nichts ist, lass ich es lieber bleiben!" Die Frage ist, was ist überhaupt gut für irgendetwas?

Was wie ein „Verdienst" aussieht, ist kein wirkliches Verdienst. Das Verdienst der Buddhalehre besteht darin, dass sie kein „Verdienst" hat. Seit über drei Monaten bin ich jetzt schon ununterbrochen unterwegs, um das zu tun, was nichts bringt. Auf meinem Weg von einem Sesshin zum nächsten kommt es vor, dass ich vor Erschöpfung zusammenbreche. Nicht gerade das „Verdienst", das sich die Menschen ständig erhoffen.

Alle anderen Religionen haben Verdienste. Nur unsere Religion verfügt über kein Verdienst. Es ist schon lustig: Wir predigen das, was nur einer ohne Verdienste predigen kann. Die verdienstvollen Menschen nennen das „heidnisch".

Einen buddhistischen Tempel besuchen, Buddhas Namen anrufen oder in Zazen sitzen: All das bringt überhaupt nichts. Unser ganzes Leben bringt letztlich nichts. Was könnte es da Niederträchtigeres geben als einen Menschen, der bei allem, was er tut, danach fragt, was es ihm bringt?

Wir müssen aufpassen, dass wir nicht um Applaus heischen für das, was keinen Applaus verdient. Als ich jung war, machte ich ständig das, was mir die Bewunderung von oberflächlichen Menschen einbrachte. Wenn ich heute daran denke, bricht mir der Schweiß unter den Armen aus. Wir müssen uns davor hüten, von unseren Mitmenschen bewundert zu werden.

Was die Menschen loben, ist wertlos. Das Leben in den Bergen, dafür wird dich kein Mensch loben.

Karriere gibt es nur in der Welt der Menschen. Wie dumm ist es da, das, was man bei der Ordination zum Mönch extra aufgegeben hat, wieder eins nach dem anderen aufzusammeln. Wie will sich ein 73-jähriger Priester bei den Patriarchen entschuldigen, wenn er mit seinem Glatzkopf und seiner *Kesa* Karriere machen möchte wie die Menschen in der Welt auch?

Was könnte es Verkehrteres geben als die Karriere von Priester-Bonzen? Ein Mönch zeichnet sich genau dadurch aus, dass er keine Karriere macht!

Wenn ein Mönch alles aufgibt und ein einfaches Leben führt, dann gibt es für ihn darüber hinaus nichts Besonderes zu praktizieren. Es ist auch nicht notwendig, den Armen Almosen zu geben: Wenn du ein Leben führst, für das dich selbst die Armen noch bemitleiden, dann hat dieses Leben mehr Verdienst als jede andere Praxis. Umgekehrt ist es nicht gut, Geld anzuhäufen und sich an Leckereien satt zu essen, um die dich die Armen beneiden. Ich glaube, dass es einen tiefen Grund gab, warum Shakyamuni auf den Thron verzichtete.

Wenn du dich streckst, um die anderen mit deinem Kopf zu überragen, dann wirst du auch dem Geld hinterherlaufen und dich abmühen, um zum Senator gewählt zu werden. Religion bedeutet, den Kopf in *Gassho* zu senken. Im Senken des Hauptes verwirklicht sich das wahre Leben.

Ich habe mein ganzes Leben als Parasit gelebt, doch was heißt das wirklich? Es gibt ohnehin überhaupt nichts, was mir oder dir gehört. Nichts gehört uns selbst, doch genau deshalb müssen wir alles mit dem größten Respekt behandeln. Als Parasit zu leben bedeutet, von Respekt und Ehrfurcht vor jedem einzelnen Ding erfüllt zu sein.

Ich hege nicht die geringste Erwartung. Was auch immer von mir verlangt wird, was auch immer mir die Leute zum Fraß vorwerfen, ich nehme es einfach hin, ich tue, was man mir befiehlt. Und es macht mir nicht das Geringste aus.

Die Menschen leben in ihren Vorstellungen. Erst fabrizieren sie etwas, dann grapschen sie danach und fangen an, sich darum zu zanken, und alles nimmt Teil an dem großen Theater. Ein Mensch wie ich, der sein Leben in Ruhe lebt, versucht nicht um jeden Preis an den Fresstrog zu kommen, der sowieso nichts zu fressen bietet. Ich versuche nichts Unerreichbares zu erreichen. Ich weine auch nicht, wenn ich Pech gehabt habe, und ich bin auch nicht ganz aus dem Häuschen, wenn ich Glück habe. Ich habe mein ganzes Leben gelassen gelebt.

Ich fuhr einmal mit einem Fahrstuhl hinunter in eine mehrere hundert Meter tiefe Grube. Obwohl der Fahrstuhl gleichmäßig nach unten fuhr, kam es mir nach einer Weile so vor, als ob wir in Wirklichkeit nach oben führen. Diese Täuschung ähnelt der, wenn wir glauben, ein „Schnäppchen" gemacht zu haben.

Ständig versuchst du etwas zu gewinnen. Du hast für deine Geburt nichts bezahlt – und willst jetzt sogar noch Geld zurück haben?

Alles was wir tun, ist umsonst. Alles was wir bekommen, ist umsonst. Der Regen fällt umsonst, die Sonne strahlt umsonst. Die Sonne schickt uns keine Rechnung für ihre „Solarenergie". Was ist da schon dabei, dass wir nichts in den Tod mitnehmen können? Die Rechnung ist beglichen, fertig, aus!

Was ist schon groß dabei, wenn du am Ende wie ein Köter am Straßenrand stirbst? Ich habe mein ganzes Leben mit der Absicht gelebt, schließlich wie ein Köter zu verrecken. Ich habe mein ganzes Leben an Zazen verschwendet.

Alle versuchen, dem Menschenleben noch etwas hinzuzufügen. Darin liegt ihr Irrtum.

Welch eine Überraschung werden die Menschen erleben, wenn sie feststellen, dass alles letztendlich gut für nichts ist. So wie ein Stummer, der in eine bittere Frucht beißt, so werden auch die Menschen mit einem Schlag ihren Irrtum erkennen.[18]

[18] Das Stummsein hat weniger mit der Überraschung über den eigenen Irrtum zu tun als mit der Tatsache, dass wir diese Überraschung mit keinem teilen können. „Alles schläft", sagte der Prinz Shakyamuni, als er den Palast verließ – er war wie ein Stummer, der zu seinem Leiden aufgewacht war, ohne dass irgendeiner seine Einsicht hätte teilen können (der Übersetzer).

47. Von Pfeil und Bogen zur Atombombe: Was man so „Fortschritt" nennt

Satori hat keinen Anfang, die Praxis nimmt kein Ende. Warte nicht darauf, dass dir jemand ein Trinkgeld dafür gibt. Praxis bedeutet, das Satori, das es schon von Anfang an gab, zu seinem vollen Ausdruck zu bringen. Deshalb gibt es kein Satori getrennt von der Praxis, und auch keine Praxis getrennt von Satori.

Wenn du Zazen praktizierst, muss sich das auch in der Haltung deines täglichen Lebens ausdrücken – als das Suchen nach *Bodhi*-Weisheit und als die selbstlose Hilfe gegenüber allen leidenden Wesen.

Wenn du sagst, dass das Ziel der Übung des Buddhaweges darin bestehe, aus dem Normalbürger einen Buddha zu machen, dann ist das nur eine halbe Wahrheit. Du musst den Buddhaweg stets gemeinsam mit allen leidenden Wesen beschreiten. Wenn du dich von den anderen trennst, dann hat das nichts mehr mit dem Buddhaweg zu tun.

Das Geheimnis des Buddhaweges besteht darin, die Dinge einfach zu tun. Du irrst dich, wenn du glaubst, der Buddhaweg sei dazu da, dir als Mensch weiterzuhelfen.

Wenn du einmal ganz ehrlich auf den Grund deines Herzens herabschaust, wirst du feststellen, dass du nur deinen Egoismus bemäntelst, wenn du sagst: „Ich opfere mich für die anderen!" Geht es dir nicht in Wirklichkeit nur um dich selbst?

Warum waren die „Geistlichen“ zu allen Zeiten eigentlich immer so engherzig und gemein? Weil sie ihre Brötchen damit verdienen, andere glauben zu machen, dass sie im Besitz der Wahrheit seien. Doch dafür gibt es ja keine objektiven Kriterien; deshalb versuchen sie verzweifelt, die Gläubigen an sich zu ketten.

Manche Leute fragen mich, warum ich nicht meine eigene Zen-Organisation aufziehe. Im Buddhismus darf es keine Organisation geben. Sobald du anfängst, etwas zu organisieren, geht der Inhalt verloren. Schau dir doch einmal die gegenwärtige Soto-Schule an!

Die Menschen lassen sich gerne von ihren eigenen Fabrikationen in die Irre führen. Doch was ein Mensch fabriziert, wird ein anderer wieder kaputt machen.

Alle Welt sucht nach Befriedigung, nach der Erfüllung ihrer Wünsche. Und die Antwort findet sie in Zeitschriften! Kein Wunder, dass die Leute sich heute noch viel tiefer in das Dickicht ihrer Ignoranz verirren als früher. Informationen aus aller Welt erreichen uns noch am selben Tag am Bildschirm. So beschleunigt sich auch der Kreislauf unserer Illusionen. Wir nennen diese Beschleunigung „Fortschritt“ oder „Zivilisation“; die Frage ist nur, in welche Richtung wir eigentlich fortschreiten. Vom Standpunkt des Buddhismus aus betrachtet, bedeutet dieser „Fortschritt“ in Wirklichkeit einen Verfall. Wir beschleunigen unseren Verfall, und die ganze Welt windet sich dabei im Leiden.

Die Menschheit schritt fort von Pfeil und Bogen zur Armbrust, von der Armbrust zur Schrotbüchse, dann weiter zum Maschinengewehr, bis sie schließlich bei der Wasserstoffbombe angelangte. Doch wie weit haben sich die Menschen dabei charakterlich entwickelt? Nicht besonders: Es sind immer noch die gleichen grünen Bengels, die da aufeinander ballern. Nur haben sie heute gefährlichere Waffen in der Hand.

Die Frage ist, was du eigentlich unter „Kultur" verstehst. Wenn dir das Kino nicht mehr reicht und dich die Konzerte nicht mehr befriedigen, mach einfach eine Pause von deiner „Kultur" und setze dich hin in Zazen: Hier wirst du endlich das finden, was du seit Ewigkeiten selbst im letzten Winkel noch erfolglos gesucht hattest.

Worum macht die Menschheit eigentlich so ein großes Theater? Das ist so wie der Kampf von streitenden Hähnen, die sich gegenseitig mit dem Schnabel zusetzen. Die Buddhalehre transzendiert alle „Ismen": Was sich Menschen ausgedacht haben, ist sowieso falsch.

Nur der Dharma ist wahr. Das ist keine Arroganz: „Dharma" bedeutet Wahrheit.

Das Licht der Weisheit bedeutet – in meinen Worten –, dass sich dein Blutandrang senkt.

Wenn du dich wirklich mit Religion und Buddhismus beschäftigst, musst du an einen Punkt kommen, an dem dir selbst die Pflaumenblüten und der Klang von Bambusrohren den Dharma predigen. Die Stimme des Tals und die Farbe der Berge – das ist die Religion, nach der du wirklich suchst.

Muss es nicht das Ziel aller wirklichen Philosophen und religiösen Menschen sein, die Wahrheit in jedem einzelnen Ding zu finden? Alle Dinge im Universum sind Schriften der Wahrheit, und das Universum als Ganzes ist Buddha.

48. Der Teufel hat von dir Besitz ergriffen? Nimm ihm seine Beute wieder ab!

Die Endstation deines Lebens, da, wo es nicht mehr weitergeht: Das ist der Punkt, um den es bei der Buddhalehre geht.

Du wirst die Dinge nicht verstehen, solange du nicht bis zum Äußersten gehst und vom höchsten Gipfel herab auf dein Leben schaust: Du brauchst die Kraft, dich auf den Standpunkt des Nichts zu stellen, um die Welt wirklich zu verstehen.

Du sagst: „Das bin ich und das ist ein Berg." Weil du die Dinge auf diese Weise voneinander trennst, kannst du sie nicht wirklich verstehen. Als Kind wurde dir beigebracht, dass dies ein „Berg" ist und das ein „Fluss". Aber was war vor deiner Geburt? Und was ist nach deinem Tod? Der Buddhaweg ist der Weg vor deiner Geburt und nach deinem Tod. Auf diesem Weg gibt es keine Trennungen: Alles im Himmel und auf Erden ist nahtlos verbunden, es gibt da nur dich selbst als eins mit dem Universum. Man könnte auch sagen, dass es nur das Universum gibt, mit allen seinen Bergen und Flüssen. Das bedeutet nicht, dass wir versuchen, aus der Vielfalt eine Einheit zu machen. Ursprünglich gibt es nur eine Wirklichkeit, die jenseits unserer Gedanken liegt.

Frei von Gedanken zu sein bedeutet, das Grenzenlose in dich aufzunehmen.

Deine Praxis muss die Praxis des ganzen Universums sein. Du musst alles von dir selbst an die Praxis geben, aber das bedeutet nicht, dass du versuchst, einen Heiligen aus dir zu machen, oder dass du aufhörst, ein Normalbürger zu sein. Solange du nicht damit aufhörst, nach etwas zu greifen oder etwas wegzuwerfen, wird deine Praxis nicht universell sein. Nach nichts zu greifen und nichts wegzuwerfen bedeutet, das Licht direkt auf dich selbst fallen zu lassen. Das ist Praxis, und das heißt es, einfach zu sitzen: vom kosmischen Licht aus allen Richtungen erleuchtet werden.

Das Leben hat dich in eine Sackgasse geführt, und du weißt weder aus noch ein. Du entschließt dich, alles auf die letzte Karte zu setzen: „Ich will den Buddhaweg gehen." Da erscheint dir endlich ein Hoffnungsschimmer: Du siehst das Licht deines wahren Selbst, das von nichts in die Klemme getrieben werden kann.

„Auf und ab, ständig im Kreis dreht sich mein Jojo – jetzt will ich sterben, hier soll mein Grab sein!" (Grabspruch des Teguruma-o). Wohin du auch gehst, was immer du tust: Das Universum von Feuer, Erde, Wasser, Wind und Leere *[sotoba]* existiert nur hier und jetzt, und du musst dein ganzes Leben leben, in dem du all deine Kraft an diesen einen Moment hingibst, der zugleich das ewige Leben ist.[19]

Bei unserer Praxis ist es genauso wie beim Schilf-Jäten: Wenn du nicht ganz dabei bist, wirst du dir die Hand an den Gräsern schneiden. Wenn du dagegen das Schilfgras vollkommen geistesgegenwärtig bei der Wurzel packst, ist es nicht weiter schwierig. Je mehr ein Mensch von sich gibt, desto anständiger sieht er aus.

---

[19] Der Teguruma-o („Der Alte mit den Jojos") verkaufte Anfang des 18. Jh.s Jojos an neugierige Kinder in den Straßen Kiotos und Osakas. Eines Tages setzte er sich am Straßenrand nieder, schrieb das obige Zitat auf eine Holztafel (die das Zusammenwirken der fünf Elemente von Feuer, Erde, Wasser, Wind und Leere repräsentiert, jap. *sotoba)* – und starb.

Hör auf zu quengeln. Leb in der Gegenwart, an diesem Tag, in diesem Moment. Was bleibt dir denn anderes übrig, als an diesem Ort dein Bestes zu tun?

Ist es nicht seltsam, dass die Menschen immer mir ihrer Kraft sparen wollen? Jemandem wie mir, der über keine besonderen Talente verfügt und der auch nicht besonders intelligent ist, der weder Geld noch Eltern hat, dem bleibt nichts, als alles von sich selbst zu geben. Insofern habe ich mit diesem Leben Glück gehabt. Denn welches Glück könnte größer sein als das, sich in Umständen zu befinden, die einen zwingen, alles von sich zu geben?

Der Buddhaweg bedeutet das *Samadhi* einfachen Tuns. Ist es nicht klar, dass das nichts mit dem mühsamen Unterfangen zu tun hat, mit einem zerknirschten Gesicht in Büchern nach der Wahrheit zu suchen?

Die acht Bände des *Lotus-Sutras,* die sechshundert Bände des Weisheits-Sutras und das eine *Nirwana-Sutra* haben sich alle aus dem Zazen von Shakyamuni Buddha heraus entwickelt. Diese Sutren sind die Fußnoten zu unserem Zazen, unser Zazen ist die konkrete Manifestation der Sutren.

All die ganzen Jahre bist du Einkaufen gegangen mit deinen Gefühlen, bist auf die Schnauze gefallen, warst eifersüchtig und hast mit Händen und Füßen um dich geschlagen. Jetzt setz dich einfach hier hin. Wie lange nur bist du herumgeirrt, bis du an diesen Punkt gelangt bist? Nun ist das verzweifelte Suchen endlich vorbei: Hierin liegt der Frieden und die Gelassenheit, die uns von Zazen geschenkt werden.

Ich habe keine weiteren Wünsche, außer mir mein Leben lang den Kopf rasieren, das *Kesa* anlegen und Zazen praktizieren zu dürfen. Denn mehr hat ja Dogen Zenji auch nicht gemacht. Dieses Leben ist gemeint, wenn er sagt, dass „sich die eine große Sache lebenslanger Übung klärt" *(Bendowa).* Das ist das größte Glück, das es für einen Menschen geben kann. Wenn es dir widerfährt, wirst du erfüllt von Dankbarkeit dafür, als Mensch geboren und mit der Buddhalehre in Kontakt gekommen zu sein.

Den Weg bis ans Ende zu gehen bedeutet, dem Teufel, der von dir Besitz ergriffen hatte, seine Beute wieder abzunehmen.

49. An dich, der du dich dazu entschlossen hast, zum Mönch zu werden

von Uchiyama Kosho

Fressen oder gefressen werden, so lautet das Motto dieser Welt. Wenn du nun aber nur deshalb zum Mönch werden willst, weil dir das Leben in dieser Welt zu bitter ist und du lieber in Ruhe deinen Meditationstee trinkst, während andere für dich arbeiten, dann richtet sich das, was ich im Folgenden zu sagen habe, nicht an dich. Mir geht es nicht um Leute, die sich zu professionellen buddhistischen Priestern ausbilden lassen wollen, um sich dann von den Almosen der anderen zu ernähren. Ich richte mich hier an Menschen, die ihr eigenes Leben hinterfragen und dabei den Entschluss gefasst haben, endlich aufzubrechen und Mönch zu werden, um den Buddhaweg zu gehen.

Menschen, die sich auf diese Weise zum Aufbruch des Herzens in der Übung entschlossen haben, müssen zuallererst nach einem guten Meister und einer guten Gemeinschaft von Praktizierenden suchen. In alten Zeiten machten sich die Mönche, mit Bambushut und Strohsandalen ausgestattet, zur Wanderschaft in ferne Länder auf, um ihren Meister und eine Stätte der Übung zu finden. Heute ist es einfacher, sich Informationen zu verschaffen, deshalb glaube ich, dass es das Beste ist, solche Informationen zu sammeln und zu prüfen und sich dann für einen geeigneten Meister und Ort der Übung zu entscheiden.

Dabei darfst du aber nicht vergessen, dass die Übung des Buddhaweges bedeutet, vom Ego abzulassen und Ichlosigkeit zu praktizieren. Vom Ego abzulassen und Ichlosigkeit zu praktizieren bedeutet auch, den Maßstab deiner Gedanken, mit dem du gegenwärtig alles beurteilst, loszulassen. Deshalb ist es wichtig, den Worten des Meisters und den Regeln der Übungsstätte, für die du dich entschieden hast, zu folgen, ohne sofort deinen eigenen Senf dazuzugeben. Du solltest zunächst einmal für wenigstens zehn Jahre schweigend an einem Ort durchsitzen.

Wenn du – bevor die ersten zehn Jahre verstrichen sind – damit anfängst, dir gemäß deines eigenen Maßstabs Meinungen über die guten und schlechten Seiten des Meisters und der Übungsstätte zu bilden, und wenn du auf die Suche nach einem besseren Meister oder einer anderen Übungsstätte gehst, dann folgst du damit lediglich dem Maßstab deiner eigenen Gedanken und blähst so dein Ego auf. Wenn du deinem Ego folgst, dann bedeutet das leider, dass du dem Buddhaweg nicht folgst.

Von Anfang an wirst du dir im Klaren darüber sein müssen, dass jeder Meister nur ein Mensch und keinesfalls perfekt ist. Wichtig ist deine eigene Übung, deren Ziel sein muss, dem unvollkommenen Meister auf so vollkommene Weise wie möglich zu folgen. Wenn du deinem Meister auf diese Weise folgst, dann ist diese Übung die Grundlage, auf der du dir selbst folgst. Deshalb sagt Dogen Zenji: „Dem Buddhaweg folgen bedeutet, sich selbst zu folgen" *(Genjokoan)*.

„Dem Meister zu folgen, den Sutren zu folgen, all das bedeutet, sich selbst zu folgen. Die Sutren sind die Schrift deiner selbst. Der Meister ist der Meister deiner selbst. Wenn du eine lange Wanderschaft unternimmst, um nach Meistern zu suchen, dann machst du damit eine lange Wanderschaft auf der Suche nach dir selbst. Wenn du hundert Gräser pflückst, pflückst du hundert Mal dich selbst, und wenn du auf zehntausend Bäume kletterst, kletterst du zehntausend Mal auf dich selbst. Verstehe, dass du, wenn du auf diese Weise übst, nichts als dich selbst ausübst. Wenn du so übend verstehst, wirst du von dir selbst ablassen und dadurch dich selbst erst wirklich zu schmecken bekommen" *(Jisho-zanmai)*.

Dass es wichtig für die Übung ist, einen Meister zu finden, wird oft gesagt, aber wer ist es eigentlich, der entscheidet, wer der richtige

Meister ist? Entscheidest du es nicht mit dem Maßstab deiner eigenen Gedanken (deines Egos)? Solange du nach dem Meister außerhalb deiner eigenen Übung suchst, wirst du damit nur dein eigenes Ego aufblähen. Der Meister existiert nicht außerhalb deiner selbst: Das Zazen, in dem du selbst zu dir selbst wirst, ist der Meister. Das ist die Zazen-Übung, in der du deine Gedanken wirklich loslässt.

Heißt das, dass es reicht, wenn wir ohne einen Meister einfach alleine Zazen machen? Nein, auf keinen Fall. Dogen Zenji sagt ja selbst im Anschluss an das obige Zitat aus dem *Jisho-zanmai:*

„Wenn du hörst, dass du dich selbst schmeckst und durch dich selbst zu dir selbst erwachst, dann schließt du daraus vielleicht überstürzt, dass du für dich alleine lernen solltest, ohne den Weg von einem Meister gewiesen zu bekommen. Das ist ein großer Fehler. Zu glauben, wir könnten uns auch ohne einen Meister selbst befreien, ist eine falsche Ansicht, die auf die Naturalismus-Philosophie Indiens zurückgeht."

Wenn du ohne einen Meister für dich alleine übst, wirst du letztlich einfach nur das tun, was dir gerade in den Sinn kommt, aber das hat mit dem Buddhaweg nichts zu tun. Es ist also unerlässlich, zunächst einen guten Meister zu finden und ihm zu folgen. Glücklicherweise gibt es in Japan noch Meister, die die Buddhalehre in der Form von Zazen korrekt übertragen bekommen haben. Einem solchen Meister solltest du ohne Murren folgen, in dem du mindestens zehn Jahre schweigend durchsitzt. Nach zehn Jahren sitze noch einmal für zehn Jahre, und nach zwanzig Jahren von neuem für zehn Jahre. Wenn du auf diese Weise für dreißig Jahre durchsitzt, wirst du dir dadurch einen guten Überblick über die Landschaft des Zazen verschaffen, und das bedeutet gleichzeitig auch einen guten Überblick über die Landschaft deines eigenen Lebens. Natürlich hat deine Übung damit nicht ihr Ende gefunden – das ganze Leben ist der Inhalt deiner Übung.

Nachwort

von Kushiya Shusoku

Sawaki Kodo Roshi: Sein Leben und sein Geist

Die Worte Sawaki Roshis sind wie ein Wind, der uns aus Zen entgegenweht. Dieser Wind bringt uns die Luft, die wir zum Atmen brauchen. Manchmal erreicht er uns in unserem Leiden wie eine sanfte, kühle Brise, die unser Herz erfrischt. Manchmal auch wie ein Gewitter, das mit Hagel und Sturm über uns hereinbricht. Dann scheint es so, als hätte sich das ganze Universum gegen uns gewendet, um uns mit einem Donnerbrausen aus unseren Illusionen aufzuwecken. Wenn dieser wilde Wind unser altes Selbst davonbläst, kommt es vor, dass – wenn wir die Augen plötzlich zum Himmel emporheben – der Sturm längst vorüber ist und nur das klare Licht von Zazen still auf uns herabscheint.

Sawaki Kodo Roshi kam im Jahr 1880 im Shinto-Viertel der Stadt Tsu (Präfektur Mie) als sechstes Kind von Tada Sotaro zur Welt (außer zwei älteren Schwestern und einem älteren Bruder starben alle seine Geschwister in Kindesjahren). Sein Geburtsname war Saikichi, und es heißt, dass er von früh auf ein recht ungezogener Bengel war. Seine Mutter Shige verstarb plötzlich, als er vier Jahre alt war, sein Vater, als Saikichi sieben war. Zuerst kam er in das Haus einer Tante, doch als deren Mann ein halbes Jahr später starb, wurde er von einem befreundeten Lampion-Händler adoptiert, der allerdings nur offiziell mit Lampions handelte, in Wirklichkeit aber mit dem Glücksspiel sein Geld verdiente. Er hieß Sawaki Bunkichi und lebte im Is-shinden-Viertel der Stadt. Dabei handelte es sich um ein Bordell-Viertel, in dessen Seitengassen Schaubudenbesitzer unter Glücksspielern um Kunden warben, während Betrüger und Taschendiebe ihrem Handwerk nachgingen. Hier tummelte sich der Auswurf der Gesellschaft. Als der junge Sawaki Roshi dort mit acht Jahren in die Grundschule eingeschult wurde, arbeitete er bereits als Schmierensteher bei den Glücksspielern, oder er passte auf die Schuhe am Eingang auf. Mit zwölf, nach Abschluss der Grundschule, begann er im Lampiongeschäft zu helfen und ernährte damit seine Stiefeltern, die selbst praktisch nie bei der Arbeit waren.

Eines Tages wurde er Zeuge, wie ein Mann in den Fünfzigern, der sich eine Prostituierte gekauft hatte, die so jung war, dass sie seine Enkelin hätte sein können, plötzlich im zweiten Stock des Bordells starb, das gleich um die Ecke lag. Da spürte er die Vergänglichkeit der Welt zum ersten Mal tief in seinem Knochenmark. Und in seinem Geist begann sich der Wunsch zu formen, den Buddhaweg zu gehen.

In demselben Milieu, gleich nebenan, wohnte die Familie des Bildrollenmachers Morita. Obwohl sie in sehr einfachen Verhältnissen lebten, verfügten sie über Bildung und einen fast wundersam reinen Lebenswandel. Sawaki Roshi besuchte oft den ältesten Sohn Chiaki, der ihn in die Standardwerke der alten chinesischen und japanischen Geschichte und Philosophie einführte. So lernte er, dass es in der Welt Wertvolleres gibt als Rang und Namen, Geld oder sinnliches Vergnügen. Es scheint deshalb, dass der den Weg suchende Geist Sawaki Roshis seine Wurzeln in dem Lebenswandel der Moritas hatte.

Doch der Widerspruch zwischen seinem Geist, der nach dem Weg suchte, und der Realität seines täglichen Lebens ließ Sawaki Roshi mit fünfzehn Jahren von zuhause weglaufen. Er kam bei einem Freund in Osaka unter, wurde aber bald wieder zurück nach Hause gebracht. Im nächsten Jahr glückte ihm dann die Flucht nach Eiheiji. Sein Gepäck bestand aus einem Odawara-Lampion, drei Kilo rohem Reis und 27 Sen in Münzen. Vier Tage und vier Nächte dauerte die Wanderschaft zum Eiheiji in der Präfektur Fukui, während der er pausenlos auf dem rohen Reis und auf Saubohnen kaute, die er sich gekauft hatte. Eiheiji wollte ihn nicht als Mönch aufnehmen: „Geh zurück nach Hause!“, hieß es da. Doch nachdem er zwei Tage ohne Essen und Trinken pausenlos um Einlass gebeten hatte, wurde er endlich als Handlanger in die Werkstatt aufgenommen. Kein Glück auf Erden hätte da größer für ihn sein können.

Inmitten des Sommers, zur Obon-Zeit, half er dann im Ryuunji aus, dem Tempel eines führenden Priesters (dem Ino) des Eiheiji. Als die Arbeit im Tempel eines Tages endlich erledigt war, wurde ihm frei gegeben, zu tun, was er nur wolle. Da beschloss er, in einem Hinterzimmer allein Zazen zu üben. Plötzlich öffnete die alte Frau, die ihn gewöhnlich nur wie einen Laufburschen herumkommandierte, die Schiebetür, um einige Tablette und Geschirr in dem Raum zu verstauen. Überrascht verbeugte sie sich so tief vor dem jungen Sawaki in Zazen, als sei er der

Buddha persönlich. So lernte der spätere Sawaki Roshi die erhabene Würde des Zazen kennen, und er beschloss, für den Rest seines Lebens Zazen zu praktizieren.

Und tatsächlich kann man sagen, dass das ganze Leben Sawaki Roshis aus dem reinen Wunsch, für Zazen zu leben, bestand. Alles, was den späteren Roshi ausmachte, hat seine Wurzeln in diesem tiefen Glauben an Zazen.

Durch verschiedene Verbindungen erfüllte sich schließlich sein Herzenswunsch, Mönch zu werden, und er wurde von Sawada Koho, dem Abt des Soshinji im fernen Kyushu, ordiniert. Mit siebzehn erhielt er nun den Namen „Kodo" – am 8. Dezember, dem Tag der Erleuchtung Buddhas. Mit 19 Jahren trat er als *unsui* [wandernder Zenmönch] dem Entsuji in Tanba bei, wo er an einer Ordinationszeremonie für Laien teilnahm, bei der er einem Schüler Ni-shiari Bokusan Zenjis begegnete: Fueoka Ryoun Roshi. Fueoka hielt große Stücke auf Sawaki, und auch Sawaki fühlte sich von Fueoka Roshis reinem Charakter angezogen und folgte ihm deshalb in dessen Tempel, zuerst in den Hosenji in Kioto und dann in den Hosenji in Kakegawa [beide Tempel werden gleich ausgesprochen, aber mit verschiedenen Schriftzeichen geschrieben], bis er mit zwanzig Jahren zum Militär eingezogen wurde. In diesem kurzen Zeitraum bekam er das *Gakudoyojinshu, Eiheishingi und Zazenyojinki-funogo* von Mann zu Mann beigebracht, und das Fundament von Sawaki Roshis Glauben an *Shikantaza* wurde weiter gefestigt.

Im Februar 1900 begann er seinen Dienst beim Militär; drei Jahre später, gerade mit Auslauf seiner Dienstzeit, brach der Krieg zwischen Japan und Russland aus, in den er sofort eingezogen wurde. Wegen einer Verwundung, die ihn beinahe das Leben gekostet hätte, wurde er für eine kurze Zeit vom Gefecht befreit, kehrte aber bald an die Front zurück, an der er bis zum Ende des Krieges 1906 kämpfte.

Im selben Jahr trat er in die Fachhochschule für buddhistische Studien in seiner Heimat, dem Isshinden-Viertel, ein, die der Takada-Richtung der Jodo-Shin-Schule angehörte. Zwei Jahre darauf wechselte er an das Seminar des Horyuji in Nara, wo er Tag und Nacht mit seinen Studien der Yogacara-Philosophie unter dem Abt Saeki Join Sojo verbrachte. Hier begegnete er einer Nonne, die die Nähkunst des *nyoho-e* [ein Mönchsgewand, das entsprechend der wahren Lehre angefertigt wird] nach der Art Jiun Sonjas beherrschte. Dies wurde Sawaki Roshi zum

Anlass, selbst mit dem Studium des *nyoho-e* zu beginnen.

Nachdem er sich einen Überblick über die buddhistische Lehre verschafft hatte, verließ er das buddhistische Seminar und zog im Dezember 1912, mit zweiunddreißig Jahren, als *tanto* [Mönchsaufseher] in den Yosenji-Tempel in der Stadt Matsusaka ein. Von da an begann er auch unter Oka Sotan Roshi, der als der erste Schüler Ni-shiari Bokusan Zenjis gilt, die Lehre der Soto-Schule gründlich zu studieren. Mit vierunddreißig Jahren zog er sich für mehr als zwei Jahre in den Jofukuji-Tempel in Ikaruga zurück, wo er ganz für sich alleine mit Leib und Seele Zazen übte.

1916, mit sechsunddreißig Jahren, warb ihn Oka Sotan Roshi als Lehrer für die Mönche im Daijiji in Higo an. Endlich traf er auf Freunde, die denselben Weg wie er selbst gehen wollten. Hier entwickelte und verfeinerte er auch seinen eigenen Stil, Zen zu lehren. Eine Gelegenheit dazu gab ihm die Begegnung mit den frechen Naturburschen vom fünften Gymnasium in Kumamoto, die den Lack etablierten Klerikertums von ihm abkratzten und ihn zwangen, seiner Religion mit frischen und lebendigen Worten Ausdruck zu geben.

Nach Oka Roshis Tod 1922 verließ Sawaki Roshi den Daijiji-Tempel und zog in ein Mietshaus, in dem er ein Dojo einrichtete, das er *Daitetsudo* [„Halle des großen Durchdringens"] nannte. Ein halbes Jahr später verlegte er seine Wohnstatt dann aber auf den Mannichi-Berg in Kumamoto. Hier beginnt sein Umgang mit Persönlichkeiten aus Kreisen der japanischen Kampfkunst. Dreizehn Jahre lang, bis zu seinem 55. Lebensjahr, lebte er allein auf dem Mannichi-Berg, von dem aus er begann, in alle Teile Japans zu reisen, um Anweisungen zum Zazen zu geben und Vorträge zu halten, wann auch immer er darum gebeten wurde. Auf diese Weise verbreitete er die Praxis des *Shikantaza* [reines Sitzen] in der Welt. Im April 1935 wurde er als Professor an die Komazawa-Universität berufen, und im Dezember desselben Jahres auch zum *Godo* [einer der führenden Priester] im Sojiji, einem der beiden Haupttempel der Soto-Schule. Von diesem Zeitpunkt an begann Sawaki Roshi seine Aktivität ohne Rücksicht auf Leben und Gesundheit zu entfalten, so wie ein riesiges rollendes Rad, das nicht zu bremsen ist. Seine Tätigkeit beschränkte sich nicht nur auf Universität und Sojiji, er organisierte auch ständig neue Zazentreffen in ganz Japan, zusätzlich zu den schon bestehenden Treffen, die ihn stets auf Reisen hielten. Er gab alles von sich, um uns nach unserem Weg zu fragen und uns seinen eigenen Weg zu demonstrieren, mit uns gemeinsam zu sitzen und uns auf diese Weise den Odem der stets aktuellen Praxis des *shikantaza* ständig von Neuem einzuhauchen.

Sawaki Roshi war immer an dem Ort zu finden, an dem er alles von seiner Lebenskraft geben konnte. An jedem Tag, in jedem einzelnen Augenblick, lebte er sein Leben ganz neu. Dieses Leben forderte die gesamte Kraft seines Leibes und seiner Seele von ihm. Während Sesshin [intensive Zazen-Übungswochen] war er am Morgen der erste auf dem Kissen, und bis spät in die Nacht war seine Präsenz so intensiv, dass es die Teilnehmer in Angst und Schrecken versetzen konnte. Die Atmosphäre war stets gespannt, und von Zeit zu Zeit war es so, als ob ein gewaltiger Donnerschlag das Tempelgebäude erschütterte.

1940 eröffnete er ein Zen-Dojo im Daichuji in der Tochigi-Präfektur; auch die Organisation neuer Zentreffen in ganz Japan nahm nie ein Ende. 1946 wurde er zum Abt des Daitoin-Klosters in Shizuoka ernannt und gleichzeitig zum Vorsteher des Nonnenklosters Myozetsuan in Kioto. Trotzdem hat er nie in seinem eigenen Tempel gewohnt, nie geheiratet und auch keine eigene Organisation gegründet. Gemeinsam mit seinen Schülern war Sawaki Roshi stets auf Wanderschaft, weshalb seine Sangha die „Sangha auf Reisen" genannt wurde. Sein ganzes Leben war wie ein Traum während Zazen: Ohne Sinn, ohne Gewinn. Sein Leben war dieser Art von Zazen gewidmet. Zu jener Zeit bedeutete selbst unter Buddhisten „Zen" nicht viel mehr als das Koan-Zen der Rinzai-Schule, bei dem es darum ging, durch das Sitzen in den Besitz von „Satori" zu kommen. Sawaki Roshi war der, der das reine Zazen im Stil des *Shikantaza* zu neuem Leben brachte.

Sawaki Roshis Weg ging stets geradeaus nach vorne, doch 1963, mit dreiundachtzig Jahren, verließ ihn die Kraft in den Beinen und er musste seine Reisen aufgeben. Er zog sich in den Antaiji in Kioto zurück, wo er mit den regelmäßigen Zentreffen fortfuhr.

„Was für ein schönes Wetter wir heute haben! Wie haben wir uns nur dieses gute Wetter verdient, ohne auch nur einen Pfennig dafür bezahlen zu müssen?" – „Womit in aller Welt habe ich es nur verdient, so glücklich zu sein? Es ist zu schade, dieses ganze Glück für mich alleine zu haben!" Nachdem er sich von seinen vielen Verpflichtungen zurückgezogen hatte, fand er endlich die Zeit zu solch stillen Gebeten. Am 21.

Dezember 1965, umgeben von den Seinen in Antaiji, verstarb er im Alter von 85 Jahren.

Bereits die äußere Erscheinung Sawaki Roshis war die eines Zenmeisters, so wie wir ihn uns vorstellen. Das Charisma seiner Person, sein Auftreten im täglichen Leben, das vollkommene Absehen von sich selbst und die Aufmerksamkeit für die anderen – all das beeindruckte jene Menschen stark, die das Glück hatten, ihm persönlich zu begegnen. Wer ihn traf, hatte das Gefühl, dass die Augen Sawaki Roshis nur auf ihn gerichtet seien und dass ihm das ganze Herz des Roshis gehöre. Uchiyama Roshi nannte Sawaki Roshi in dieser Hinsicht einen „Giganten, der sich nach allen Seiten geöffnet hält".

Andererseits scheint es aber auch, dass in Sawaki Roshis Innerem ein ungezogener Bengel sein Unwesen trieb, dessen Illusionen größer als die jedes anderen Normalbürgers waren. Das war wohl auch der Grund, weshalb er so streng mit sich selbst und anderen sein konnte und weshalb sein Leben stets von so ungestümer Dynamik geprägt war: Die Augen des rotzfrechen Lümmels in Sawaki Roshis Herz haben unsere kleinkarierten Normalbürger-Illusionen längst durchschaut. Sawaki Roshi muss diesen Lümmel in sich recht gern gehabt haben. Wenn er dem kleinen Saikichi in sich selbst liebevoll den Weg weißt, dann reicht er damit auch uns eine rettende Hand.

Gleichzeitig bringt Sawaki Roshi aber auch die Wahrheit in seinem Inneren zum Vorschein. Seine Worte, die immer Ausdruck seiner Suche nach dem Weg sind, wirken nie fixiert. Sie sind in Bewegung, so als wollten sie die Tiefen dieses Erdreiches in sich ergründen. Wir müssen diese Worte sowohl mit unserem ganzen Herzen als auch mit unserem ganzen Leib aufnehmen – sie müssen in unserem Leben widerhallen. Wenn wir auf diese Weise den Acker unseres eigenen Lebens pflügen, kommen auch wir endlich an den Punkt, wo wir die Worte unserer eigenen Wahrheit in uns finden und hervorbringen müssen.

Manchen kommt es vielleicht eher so vor, als ob Sawaki Roshi stets das Gleiche wiederholt; sie haben sich schon satt gelesen. Das liegt daran, dass diese Sprüche wie ein Sutra unserer Zeit sind. So wie die alten Sutren voll von Wiederholungen sind, so predigen uns auch die Berge und Flüsse, Gräser und Bäume täglich von neuem ein ewig gleiches Sutra. Deshalb sollten wir auch jeden Einzelnen der Sprüche Sawaki Roshis so lesen, als begegneten wir darin unserem eigenen Selbst zum allerersten Mal. Wenn wir demselben Wort der Wahrheit in verschiedener Gestalt immer wieder begegnen, wird dadurch früher oder später – ohne dass wir es überhaupt merken – etwas in uns selbst wachgerufen.

Die Worte Sawaki Roshis entspringen der Praxis des Zazen. Sie sind das lebendige Fleisch und Blut von Zazen. Sawaki Roshi hat diese Worte der Wahrheit nicht nur gepredigt – er hat sie gelebt. Sein Leben begann mit „Za" und endete mit „Zen". Seine Worte geben uns die Kraft, unsere Illusionen durchzusitzen. Sie ziehen uns hin zum Zazen. So wie auch für Sawaki Roshi Zazen stets präsent war – als die Kraft seines Lebens, als sein Wunsch und Gelübde, als der Grund seiner Existenz schlechthin.

Der erste Teil[20] dieses Werkes besteht aus Aufzeichnungen von Uchiyama Roshi, die dieser von mündlichen Anweisungen und Lehren seines Meisters Sawaki Roshi während dessen Lebenszeit gemacht hatte. Dieser zweite Teil besteht aus Sprüchen aus dem Gesamtwerk, die ich herausgeschrieben habe, weil sie in meinem Herzen widerhallten. In diesem Buch habe ich sie so angeordnet, dass sie erläuternd miteinander kommunizieren sollen, in dem sie sich gegenseitig Licht zuwerfen. In einigen wenigen Fällen habe ich ein wenig ergänzt, wo das den Worten mehr Leben verlieh, oder ich habe Passagen, die getrennt waren, an manchen Stellen zusammengefügt. Ausdrücke, die heute als Diskriminierung verstanden würden, habe ich geändert. Natürlich ist der Schatz der Worte Sawaki Roshis noch viel größer, doch ich bin der Überzeugung, dass in jedem Einzelnen der Zitate in diesem Buch das Ganze von Sawaki Roshi enthalten ist.

Sawaki Roshi hat selbst nie ein Buch verfasst. Diese Kompilation wurde ermöglicht durch die Mühe der vielen Menschen, die Vorträge stenographiert und ins Reine geschrieben haben, wie auch derer, die sie editiert und verlegt haben. Außerdem danke ich meinem Meister Uchiyama Kosho Roshi, Sakai Tokugen Roshi und Herrn Tanaka Yoneki für ihre Arbeit.

[20] Japanisch *Zen ni kike* (Daihorinkaku 1986), deutsch *An Dich* (Angkor Verlag 2002/2005/2017).

Ich hoffe, dass Ihnen dieses Buch einen Anstoß gibt, über Ihr eigenes Leben nachzudenken, und dass es Sie vielleicht sogar zum Sitzen motiviert. Wenn das der Fall ist, wird sich niemand so sehr darüber freuen wie Sawaki Roshi selbst: Wenn Sie Ihr Leben aus Zazen leben, dann lebt Sawaki Roshi mit Ihnen.

Kodo Sawaki: ***Zen ist für nix gut.***
Kodo Sawakis Kommentare zum *Zhengdao ge (Shodoka)*, einem langen Gedicht, das Yongjia Xuanjue (Yoka Genkaku, 665–713) zugeschrieben wird, dessen Erleuchtung vom Patriarchen Hui-neng bestätigt worden sein soll. Es behandelt das Verhältnis von Dharma-Natur (Realität) zu Buddha-Natur und beschreibt die tägliche Zen-Praxis, die einem Sutra-Studium vorzuziehen sei. Sawakis Kommentare beruhen auf Reden, die er 1946 hielt, und er nennt den Autor des *Shodoka* meist Yoka Daishi, den „Großen Meister Yoka“. Auf seine unnachahmliche Weise erläutert Sawaki Zeile für Zeile, mit Bezügen zum Alltagsleben, zu seiner eigenen bewegenden Biografie und zu historischen Ereignissen und Figuren, insbesondere den Samurai. 368 Seiten. Paperback. 19,90 €.

Kodo Sawaki: ***Zen ist die größte Lüge aller Zeiten.***
Übersetzt von Muho. Paperback. 15 €.

Kodo Sawaki: ***An Dich. Zen-Sprüche.***
Übersetzt von Muho. Paperback. 15 €. Gebunden 25 €. Ebook 9,90 €.

Kodo Sawaki: ***Tag für Tag ein guter Tag.***
Einführung in die Meditation des Zen.
Übersetzt und zusammengestellt von Muho. Paperback. 15 €.

Kodo Sawaki/Kosho Uchiyama: ***Die Zen-Lehre des Landstreichers Kodo.***
Übersetzt von Guido Keller. Paperback. 120 Seiten. 15 €.

Kosho Uchiyama: ***Zen für Küche und Leben.***
Übersetzt von Francoise-Albert Viallet. Paperback. 104 Seiten. 15 €.

Kosho Uchiyama: ***Das Leben meistern durch Zazen.***
Übersetzt von Stefan Pierre-Louis. Paperback. 112 Seiten. 15 €.

Dogen Zenji: ***Shobogenzo. Die Schatzkammer des Wahren Dharma.***
Klassiker der Zen-Literatur aus dem 13. Jh. Diese erste gebundene Gesamtausgabe, die außerhalb Japans je erschienen ist, enthält die überarbeiteten Einzelbände 1–4, die im Theseus- und Angkor Verlag erschienen waren, und die vier fehlenden Kapitel. 640 Seiten. Gebunden 79,90 €. Kindle Ebook 49,99 €.

Dogen Zenji: ***Eihei Koroku.*** 336 Seiten. Paperback. 25 €.

www.angkor-verlag.de